Heiko Bräuning (Hrsg.)

Hoffnungs-geschichten

22 wahre Lebens-berichte

cap-books

Bestell-Nr.: 52 50510
ISBN 978-3-86773-295-6

Oberer Garten 8
D-72221 Haiterbach-Beihingen
07456-9393-0
info@cap-music.de
www.cap-music.de

Transkription: Linda Heim
Lektorat: Melissa Sailer
Umschlaggestaltung: Olaf Johannson, spoon design

Bei den Interviews handelt es sich um transkribierte Versionen der Fernsehsendung „Stunde des Höchsten". Für den Druck wurden sie leicht überarbeitet.

Kontakt für Konzerte, Lesungen und Vorträge:
Heiko.braeuning@t-online.de

Inhaltsverzeichnis

Themen

Behinderung und Einschränkung

Mit dem Rolli durchs Leben (Adelheid Thomas)

Behinderte Kinder willkommen! (David Neufeld)

Leben aus der Hoffnung auf den mitgehenden Gott (Inge Schneider)

Lieber Arm ab als arm dran (Rainer Schmidt)

Schauspieler mit Querschnittlähmung (Samuel Koch)

Missionar im Rollstuhl (Martin Wurster)

Krankheit

Durch den Glauben zurück ins Leben (Déborah Rosenkranz)

Befreiung aus der Alkoholsucht (Ghia Falk)

Alles außer Mikado – Diagnose Parkinson (Jürgen Mette)

Farbe im Leben (Tanja Kieß)

Geborgenheit angesichts des Todes (Volker Teich)

Engagiert trotz bitterer Diagnose (Wolfgang Bosbach)

Glaube im Beruf und Dienst

Gottvertrauen in der Firmenkrise (Karl Schock)

Der königliche Prediger (Prinz Philip Kiril von Preußen)

Neue Aufgabe am Heiligen Stuhl (Annette Schavan)

Vorwort von Heiko Bräuning

„Wie kommen Sie ausgerechnet auf mich? Was habe ich schon zu sagen? Ich habe nichts Besonderes zu erzählen."

Manche muss man etwas länger bearbeiten. Also: überreden, überzeugen, bis sie endlich doch einwilligen und für das Interview bereitstehen. Macht nichts. In jedem Fall lohnt es sich! Denn was sie dann zu sagen haben, ist hörenswert! Lesenswert! Jeder Mensch hat eine Geschichte. Stimmt. Aber nur zum Teil. Jeder Mensch ist ein ganzes Buch voller Geschichten. Und jede einzelne dieser Geschichten ist ein Original. Ist spannend. Ist interessant. Ist hervorragend. Und sehr oft für andere ermutigend, tröstlich und inspirierend.

Das ist das Motto bei unserer Fernsehgottesdienstarbeit: Jeder Mensch ist interessant. Hörenswert. Erlebenswert. Egal, ob er einen großen Namen trägt oder nicht. Und so waren alle in diesem Buch schon zu Gast in der „Stunde des Höchsten". Manchmal habe ich den Eindruck: Die Gäste sind viel spannender als die Predigt!

Ja, man kann fast auf die Predigt und den Pfarrer im Gottesdienst verzichten, wenn ein Mensch ehrlich, offen und authentisch erzählt, wie Gott in seiner kleinen Welt gewirkt hat. Wie er mitten im dunklen Tal, mitten in schwerstem Leid doch ein wenig Zuwendung oder wundersame Dinge aus heiterem Himmel erlebt hat.

Tanja Kieß kam noch nie vor in den großen Illustrierten dieser Welt. Obwohl sie es wert wäre. Denn wenn ein junger Mensch mit sieben Jahren zum ersten Mal den Krebs besiegt, der Krebs dann mit 37 Jahren zurückkommt und wieder das Leben in Frage stellt, dann ist das lesenswert. Wie sie das Leben meistert, obwohl man ihr ein Bein wegen des Krebs amputiert hat: Das ist schon eine Meisterleistung! Tanja ist eine Ermutigerin. Dass sie über all dem ihren Glauben nicht an den Nagel gehängt hat, ist ein Wunder und muss erzählt werden! Sie hatte noch nie eine Geschichte in den Magazinen am Kiosk. Obwohl ihre Geschichte hochinteressant ist!

Adelheid Thomas: von klein auf als Waise im Kinderheim. Noch dazu mit Kinderlähmung. Verlacht, verspottet, verhöhnt. Aber sie geht ihren Weg – wenn auch mühsam an Krücken und im Rollstuhl. Sie meistert ihr Leben auf unbeschreibliche Weise und wird für viele zu einem Segen. Man hat ihren Namen aber noch nie in den Schlagzeilen der Zeitungen gelesen. Obwohl sie es wert ist!

Ghia Falk feiert 50 Jahre Abstinenz. Sie war dem Alkohol verfallen. Sie war verloren in der Sucht. Hat Dank vieler Menschen, die weiterhin an sie geglaubt haben, und dank einer guten Therapie in der Suchthilfe der Zieglerschen, aus dem Teufelskreislauf herausgefunden. Und jetzt lebt sie ein neues und gutes Leben mit ihrem Mann: 50 Jahre ohne einen Tropfen Alkohol. Wie schafft sie das? Was hat sie gefunden, um vom Suchtmittel wegzukommen?

Wer so etwas weiß, weil er es erlebt hat, der sitzt auf einem wahren Schatz an Erfahrungen, Lebensweisheiten und Kraftquellen – einen Schatz, den man heben muss!

Mich persönlich faszinieren Lebensgeschichten von Menschen. Und jeder Mensch ist es wert, gefragt und gehört zu werden. Jedem gebührt ein Raum, wo er erzählen kann, darf – ja, er muss erzählen. Weil sich Probleme oft gleichen. Herausforderungen in selber Weise auftreten. Sorgen sich oft ähneln. Der, der das schon erlebt hat, und darüber erzählt – der ist Mutmacher. Ermutiger!

Deshalb kommen sie hier zu Wort! Und bald schon andere. Und der Geschichten wird kein Ende sein.

Wenn Sie Menschen kennen, deren Geschichte erzählt werden muss, wenn Sie selbst so ein Mensch sind, dann schreiben Sie uns an:

post@stunde-des-hoechsten.de

Gerne nehmen wir mit Ihnen Kontakt auf!

Heiko Bräuning

Mit dem Rolli durchs Leben

Adelheid Thomas

Mitten im Krieg geboren, im Alter von neun Monaten an Kinderlähmung erkrankt, nicht mehr zurückgekommen zu den vier Geschwistern und ihren Eltern, im Alter von vier Jahren ins Kinderheim gekommen, mit elf Jahren operiert worden, acht Wochen lang im Beckengips, fünf Monate Aufenthalt im Krankenhaus, welches sie zum ersten Mal auf Krücken laufend verlassen kann. Bis dahin rutschte Adelheid auf dem Hosenboden zu ihren Zielen. Das alles zeugt von einem bewegten Leben, trotzdem ist sie kein zermürbter, verzweifelter Mensch, sondern, wenn ich so sagen darf, ein „Steh-auf-Männchen".

Frau Thomas, Sie sind in einem ganz interessanten Gefährt bei uns. Wie nennt man sowas?

Das ist ein Elektro-Rollstuhl.

Schämen Sie sich manchmal dafür?

Nein, nie. Als der Rollstuhl geliefert wurde, dachte ich: „So, jetzt ist es soweit." Da habe ich schon geschluckt. Ich dachte: „Der sieht ja aus wie ein Krankenfahrstuhl." Ich hatte mir einen anderen, schöneren Flitzer vorgestellt, aber dann sagte ich mir: „Mensch, sei froh, dass du einen hast" und fuhr gleich ins Dorf, um ihn allen zu zeigen.

Sie haben sogar schon manchmal meine Kinder mit dem Rollstuhl mitfahren lassen.

Na klar, und Koffer, Taschen und Kisten befördert.

Obwohl Sie selbst in der Situation sind, dass Sie Hilfe annehmen müssen.

Ja, sicher. Wenn ich Hilfe benötige, weil ich es selbst nicht kann, dann bitte ich jemanden darum und alle helfen mir gerne.

Sie haben vorhin zu sich selbst gesagt: „Sei froh, dass du einen Rollstuhl hast ..." Das zeugt ja ein bisschen davon, dass Sie die Schwierigkeiten des Lebens annehmen und dass Sie letzten Endes nicht völlig zermürbt bei mir sitzen. Woher nehmen Sie die Kraft, so als „Steh-auf-Männchen" zu leben?

Das war nicht immer so. Ich hatte nach einer kräftezehrenden OP eine ganz, ganz große Krise. Ich sollte eigentlich zur Reha. Das wurde zunächst abgelehnt, und als es dann doch genehmigt wurde, da war es vorbei. Ich wusste, das ist das Ende meiner Vitalität. Genauso war es dann auch. Ich habe jetzt noch darunter zu leiden. Als ich merkte, ich komme aus diesem Tief allein nicht raus, überlegte ich „Mensch, Alkohol ist keine Option, nee, das tue ich nicht. Ich hole mir Hilfe. Wilhelmsdorf ist so ein reicher Ort mit vielen Möglichkeiten, sich Hilfe zu holen." Ich gehe einfach auf die Leute zu. Das tat ich dann auch. Über vier Jahre redete ich mit einer vertrauten Person.

Auch heute noch geht es schon manchmal heftig bergab, aber ich sage mir: „Kapitulieren ist keine Lösung."

Manchmal geht es natürlich auch an den Stolz, wenn man sich eingestehen muss: „Ich kann es nicht alleine." Aber dann sage ich mir, lieber den Stolz überwinden als in die Sucht abgleiten.

Ich hatte lange Zeit dauernd Kopfschmerzen und nahm viele Schmerztabletten. Da machte mich der Psychologe darauf aufmerksam und sagte: „Sie sind auf dem Weg zur Sucht." Ich antwortete: „Das wollen wir erst mal sehen." Und dann habe ich mir an einem Wochenende vorgenommen: „So, jetzt ist Schluss. Keine einzige Tablette mehr." Ich hatte heftige Kopfschmerzen und nur ein paar Meter weiter war die Apotheke. Aber ich habe gesagt: „Nein, vorbei. Ich habe so entschieden. Schluss." Und dann war es vorbei. Doch das waren so richtige Suchtmomente.

Das heißt, ein starker Wille und eine starke Persönlichkeit, und das, obwohl Sie fast Ihr ganzes Leben lang in verschiedenen Heimen waren. Später sogar als Mitarbeiterin im Kinderheim. Was ist Ihnen denn, wenn Sie zurückblicken, das Kinderheim geworden?

Erstens hat es mir immer gefallen, und zweitens ist das meine Heimat und ist auch immer Heimat geblieben.

Wodurch wird ein Kinderheim zur Heimat?

Ich kannte ja überhaupt keine Familie. Wir hatten auch nicht so viel Personalwechsel, wie wir das heute haben. So entstand Beziehung und zum Teil auch Vorbilder.

Ist es nicht unwahrscheinlich schwierig, mit so vielen Jugendlichen Ihres Alters zusammen zu sein und immer wieder an die eigenen Grenzen zu stoßen, sprich als körperbehinderte Person mit so vielen Menschen zusammen zu sein? Da kriegt man doch Prügel oder man wird aufgezogen und gehänselt?

Nein, ich bin nie aufgezogen worden und habe auch nie Prügel gekriegt. Ich hatte einen starken sozialen Status und die Behinderung hat überhaupt nichts ausgemacht. Als ich noch jünger war, haben mich die Älteren ganz selbstverständlich im Leiterwagen durch die Gegend gefahren und wenn sie nicht da waren, bin ich eben mit der Lederhose auf dem Boden gerutscht oder bin am Geländer runtergesaust. Ich kam immer da hin, wo ich hin wollte.

Das heißt, im Kinderheim gab es eine richtig gute soziale Gemeinschaft?

Ja, ich habe sie so erlebt. Ich weiß, dass es andere Kinder und Jugendliche gab, denen es ganz anders ging als mir. Aber mir persönlich ging es gut im Kinderheim.

Das hat Sie vermutlich stark gemacht fürs Leben.

Ja, das kann man schon sagen ...

Nachher sind Sie in diesem Kinderheim sogar Mitarbeiterin geworden. Wie war dann Ihr Kontakt zu den Jugendlichen, da Sie ja selbst mal so eine Jugendliche waren, die ohne Eltern im Heim aufgewachsen ist?

Ich hatte mit ihnen wenig Probleme. Wir haben z. B. Tischtennis, Schach und Federball gespielt.

Zum Tischtennis spielen muss man ja eigentlich richtig laufen können. Wie machen Sie so etwas?

Das mache ich aus dem Stand. Dann wird eben ziemlich scharf der Ball zurückgeschnitten und wer nicht weiß, wie er das zu erwidern hat, hat halt Pech gehabt. Es war immer die Krone, wenn sie gegen mich gewonnen haben. Das war dann am Ende, als ich keine Kraft mehr hatte. Da haben sie mich natürlich besiegt. Aber bis dahin mussten sie ganz schön viel einstecken.

Wenn man so viele Defizite im Leben hat, so viel Mangel im Leben verarbeiten muss, ist es da zwangsläufig, dass man so ein starkes Gottvertrauen entwickelt wie Sie?

So stark ist mein Gottvertrauen nicht, das muss ich schon sagen. Ich habe schon meine Hochs und Tiefs, meine Fragen und meine Zweifel, aber ich denke, ich muss nicht alles verstehen. Wenn ich es dann mal gewagt habe, Gott zu vertrauen, habe ich eigentlich jedes Mal Antwort bekommen. Ganz komisch. Nicht alle Leute bekommen ja gleich eine Antwort.

Erinnern Sie sich noch an eine solche Situation, bei der Sie den Eindruck hatten, da hat Gott mit mir gesprochen, da hat er mir eine Antwort gegeben?

Ach, das geht öfter so. Zum Beispiel durch ein Lied oder eine Begegnung mit jemandem, mit dem man auf einer Linie ist, oder durch eine Verheißung, die ich für mich in Anspruch nehmen kann.

Sagen Sie uns noch zum Abschluss: Was ist Ihr Lebensmotto, Ihre Lebensphilosophie? Gibt es so etwas?

Eine meiner Bibelstellen, die mich leiten, ist dieses Psalmwort aus Psalm 73: „Dennoch bleibe ich stets bei dir, denn du hältst mich an deiner rechten Hand. Du leitest mich nach deinem Rat. Wenn ich nur dich habe, so frage ich nichts nach Himmel und Erde."

Getröstet, um zu trösten

Cornelia Gorenflo

Cornelia Gorenflo ist Mutter von fünf Kindern, hat vor einigen Jahren durch eine schwere Krankheit ihren Mann verloren und ist heute als Expertin in Sachen Trost und Trauer unterwegs.

Warum haben Sie plötzlich Ihren Mann verloren?

Ja, die Frage „Warum?“ stelle ich mir eigentlich bis heute. Mein Mann hatte über fünf Jahre lang Hautkrebs und wir haben immer wieder gehofft und gedacht, es ist überwunden, es ist geschafft. Aber dieser Krebs ist am Schluss einfach explodiert und wir mussten akzeptieren, dass das nun mal so ist.

Können Sie sich noch daran erinnern? Wann hat Sie die Diagnose zum ersten Mal erreicht?

Zum allerersten Mal, das weiß ich nicht mehr, aber ich kann mich an einen bestimmten Tag erinnern. Mein ältester Sohn kam nach Hause und hatte das Abitur in der Tasche. Wir hatten noch die Girlande an der Tür hängen und wir waren alle happy. Am selben Tag kam mein Mann abends nach Hause und sagte: „Du, mein Krebs hat gestreut.“ Ich werde nie dieses Wechselbad vergessen. Einerseits diese tiefe Freude und dann dieser Schock. Da war beides.

Sie haben vorhin gesagt, Sie hatten immer wieder Hoffnung, dass es dann vielleicht doch besser wird und besiegt ist. Das heißt, Sie haben auch gekämpft. Bedeutet das, Sie sind heute von vielem enttäuscht? Vielleicht von der Medizin, vielleicht von Gott, der da auch seine Finger im Spiel hat, oder vielleicht von sich selbst, weil Sie nicht genug gekämpft, gehofft, geglaubt haben?

Enttäuschung war sicher da, weil wir natürlich gehofft haben, es gehe gut aus. Ich denke, wir haben alles uns Mögliche getan, aber am Ende hat eben diese Krankheit gesiegt und den Tod gebracht, und wir mussten das einfach so akzeptieren. Ich muss sagen, ich war von Gott unheimlich enttäuscht. Ich habe immer gedacht, er heilt meinen Mann, und das war eine riesige Enttäuschung. Ich hatte eine unglaubliche Wut auf Gott. Ich habe gedacht, wir haben gebetet, wir haben um Heilung gebetet, wie haben über ihm gebetet, und es passierte eben das ganz andere. Das konnte ich am Anfang überhaupt nicht akzeptieren. Ich war voller Wut auf Gott.

Sie sagten auch, das „Warum" können Sie bis heute noch nicht verstehen.

Ja, ich denke, ich werde mit dieser Frage bei Gott ankommen. Aber ich weiß, dass es auf viele Fragen keine Antworten gibt, und dennoch spüre ich, dass es ein sehr sinnvoller Weg war, den ich seit diesem Tod gegangen bin. Es sind auch unglaubliche Dinge in meinem Leben passiert, von denen ich im Nachhinein sage: Das ist auch wieder ein Wunder, dass dieses Schlimme sich teilweise in so viel Gutes und so viel Schönes verwandelt hat. Dennoch wäre ich gerne mit meinem Mann alt geworden. Ich halte das auch aus, dass ich darauf vielleicht keine Antwort habe.

Können Sie uns an einem solchen Wunder teilhaben lassen? Was ist das Schöne, was passiert ist und das Ihnen geholfen hat, dass sich die Trauer vielleicht auch wieder in Freude verwandelt?

Ich habe ein völlig neues Gottesbild bekommen. Habe gespürt, dass Gott mich eben auch aushält mit meinen dunklen Gefühlen, in meiner Wut, in meiner Enttäuschung. Das Ganze hat für mich auch sehr viel neue Gotteserfahrung mit sich gebracht. Und andererseits auch ganz viele Menschen. Ich habe ein riesiges Netz von Menschen, die mich tragen: Freunde, Nachbarn – ich habe ganz tolle Nachbarn. Und ich habe durch diesen Weg gemerkt, dass ich mich sehr verändert habe. Ich bin sehr viel resoluter geworden, traue mir viel mehr zu, bin viel stärker geworden. Ich bin auch sehr viel ehrlicher mit mir geworden, gerade mit meinen Gefühlen. Ich erlebe oft, dass ich weinen kann und zehn Minuten später lachen. Das liegt bei mir so ganz dicht beieinander. Ja, das ist ein unglaublicher Gewinn, den möchte ich eigentlich nie mehr verlieren.

Ich weiß von vielen unserer Zuschauer, dass sie, wenn sie einen Ehepartner nach langen Jahren und langem Kampf verlieren, sich einigeln, sich zurückziehen und ein Leben lang Trauer tragen. Sie versinken ein Stück weit im Selbstmitleid und kommen auch nicht mehr raus. Was lief denn bei Ihnen anders? Sind Sie ein anderer Mensch? Haben Sie andere Voraussetzungen? Haben Sie sich gesagt: „Ich geh damit anders um"?

Ich habe fünf Kinder und ich behaupte immer, Kinder sind „Ins-Leben-Locker". Ja, sie ziehen mich zurück ins Leben. Sie haben eigentlich sehr schnell angefangen, wieder ihre Musik zu hören, unser Haus war immer voll, und das hat bei mir viel bewirkt. Sodass ich gemerkt habe, ich habe schon meine Nischen der Trauer, aber ich bin auch voll im Leben. Und ich liebe Menschen. Ich bin ein sehr neugieriger Mensch, ich bin immer gespannt, was der nächste Tag mit sich bringt.

Aber haben Sie dann Verständnis oder Unverständnis für Menschen, die in Mitleid versinken, sich einigeln?

Die ersten zwei Jahre war ich auch so ein Igel. Ich habe immer wieder Phasen gehabt, in denen ich fast depressiv war, in denen ich gesagt habe, ich möchte jetzt nicht so viel unter Menschen oder nur unter ganz bestimmte Menschen. Ich denke, es ist ganz normal, dass man in der Trauer diese Rückzugsphasen hat. Es wird dann kritisch, wenn man dabei stehen bleibt. Wenn man nicht mehr weiter geht, wenn man nur noch in der Höhle bleibt.

Sie sind heute mit vielen Menschen zusammen, Sie geben Seminare, machen Trauerarbeit. Was geben Sie denn als Botschaft weiter?

Meine Grundbotschaft ist eigentlich: „Du wirst es überleben." Das ist der wichtigste Satz. Das Überleben in irgendeiner Weise, in einer Weise, die auch zu dir passt. Ich denke nicht, dass jeder Trauer so erlebt, wie ich sie erlebe, aber ich denke, wer bereit ist, sich diesem Weg zu stellen, der wird es überleben. Ich denke auch, es braucht Zeit. Es gibt Trauernde, die sehr lange brauchen, es gibt Trauernde, die weniger Zeit brauchen, das ist sehr individuell.

Mehr von Ihren Gedanken und auch diese Botschaft „Du wirst es überleben" kommen auf Ihrer CD „Trauerhaus"[1] zum Ausdruck. Sagen Sie uns noch kurz: Was ist ein Trauerhaus?

Der Begriff „Haus" hat mir sehr gut gefallen. Ich liebe Häuser, ich richte gerne Häuser ein, mir hat dieses Bild für Trauer sehr gut gefallen. Sodass ich gedacht habe: Trauer ist wie ein Haus, es hat ganz verschiedene Zimmer und ich bewohne dieses Haus. Es gibt ein Zimmer, wo nur Schmerz ist. Es gibt ein Zimmer, wo nur Bitterkeit ist, es gibt ein Zimmer, wo nur Erinnerungen sind. Mir hat das Bild sehr gut gefallen: „Ich gehe in meiner Trauerzeit in diesem Haus umher." Ich bin einen Tag in dem Zimmer oder bin zwei Stunden in der Kammer der Bitterkeit, das darf auch sein – aber es gibt auch einen Garten jenseits des Hauses. Das war mir ganz wichtig. Das Cover zeigt auch ein geöffnetes Fenster, durch das die frische Luft vom

1 Cornelia Gorenflo: „Trauerhaus. Räume der Trauer – vom Klagen zum Hoffen". Erschienen im cap-Verlag (CD 52 03710; EAN 4045027037109)

Garten draußen rein kommt, und ich denke, das ist auch ein sehr schönes Bild: „Es gibt einen Garten jenseits deiner Trauer.“

Behinderte Kinder willkommen!

David Neufeld

David Neufeld ist Verleger, verheiratet und hat drei ganz besondere Kinder: alle drei haben eine Behinderung, alle drei sind adoptiert. Bücher bedeuten ihm Inspiration und Entspannung. Mit seinem Verlag hat er sich einen Traum erfüllt. Er würde gerne reisen, nach Israel, nach Norwegen, nach Danzig, und die Person, die ihn am meisten inspiriert, ist seine Frau.

Warum inspiriert Sie Ihre Frau am meisten und wozu?

Das hängt wahrscheinlich damit zusammen, dass wir in vielen Dingen sehr unterschiedlich sind. Da, wo ich manchmal sehr viel grübeln muss und Gedanken und Konzepte mit Pro- und Kontralisten entwickle, da hat sie oft im Bauch, was gerade zählt, was wichtig ist und was passt. Von daher hat sie richtig gute Ideen und das betrifft alles: Erziehung, wie gehen wir mit unseren Kindern um, aber auch im Verlag. Wie gehe ich mit diesem Autor um, wie löse ich eine Herausforderung, welche Projekte sind vielleicht gerade gut zu machen.

Hören Sie sich Folgendes an: Kurz vor Weihnachten 2000 bekamen die Neufelds ihr erstes Kind. Die Schwangerschaft dauerte vier Stunden. Sie adoptierten Onur, 16 Monate alt. Ein ausländisches Kind aus völlig verwahrlosten Umständen. Wie haben Sie sich damals für Onur entschieden?

Er kam als Pflegekind zu uns. Nicht adoptiert. Wir waren generell dafür offen, unser Leben mit Pflege- oder Adoptivkindern zu teilen, denn wir konnten keine eigenen Kinder bekommen. Wir waren mit dem Jugendamt im Gespräch und dann füllt man ja alle möglichen Fragebögen aus, was man sich vorstellen kann und was nicht. Und mitten hinein in den ganzen Bewerbungsprozess, der sehr intensiv war, kam die konkrete Anfrage: „Könnt ihr euch vorstellen, diesen Jungen aufzunehmen?"

Und seitdem lebt Onur bei Ihnen?

Er hat über zehn Jahre bei uns gelebt, aber seit knapp drei Jahren nicht mehr. Wir sind tatsächlich auch an unsere Grenzen gekommen und haben uns in einem sehr intensiven Prozess entschieden, dass er nicht mehr bei uns sein kann. Das war sicherlich die schwierigste Entscheidung unseres Lebens. Er ist heute in einer Einrichtung, aber nicht weit von uns. An den Wochenenden ist er alle vierzehn Tage bei uns und auch in den Ferien immer wieder mal. Wir sind dankbar, dass wir trotzdem für ihn Familie sind, auch wenn er nicht mehr überwiegend bei uns in der Familie lebt.

Aber ich habe vorhin gesagt, Neufelds haben drei Kinder. Jahre später ruft das Jugendamt wieder an und Neufelds adoptieren ein ganz besonderes Kind, nämlich ein Kind mit Downsyndrom. Den gleichen Prozess ein paar Jahre später nochmal, sodass heute zwei Kinder bei Ihnen wohnen, die Downies sind.

Ja, das stimmt.

Die meisten Menschen würden solche Downies ablehnen, wenn nicht sogar vorher abtreiben. Warum haben Sie sich entschieden, Kinder mit Behinderung zu adoptieren?

Ich denke, das hängt damit zusammen, dass wir Berührung damit hatten. Meine Frau ist Erzieherin und hatte in der Schule für geistig Behinderte gearbeitet und daher auch Kontakt zu Kindern mit Downsyndrom. Das trägt dazu bei, dass man sich das überhaupt vorstellen kann – ein Leben, das eben doch ein bisschen anders ist. Eigentlich ist es in Deutschland so, dass weit über 90% dieser Kinder abgetrieben werden, wenn man es in der Schwangerschaft bereits weiß. Und heutzutage wird direkt danach gesucht. Das ist ziemlich tragisch.

Wir konnten uns ein Leben mit einem Downsyndrom-Kind prinzipiell vorstellen, doch dann muss man sich in so einer Adoptionssituation nochmal konkret fragen: Trauen wir uns das zu? Und das fiel uns nicht so schwer. Es ist ja eh so, dass man da Schritt für Schritt hineinwächst. Und wir haben nun den Eindruck: Das passt wie die Faust aufs Auge. Wir sind total glücklich mit den Jungs, die nun bei uns sind.

Kinder mit Downsyndrom sind doch ganz besondere Menschen. Wodurch zeichnet sich der Alltag bei Ihnen aus?

Das ist natürlich auch wieder ganz individuell. Die beiden Jungs, Alexander und Samuel, sind jetzt 9 und 14 Jahre alt. Sie sind sehr unterschiedlich. Es gibt aber auch manche Dinge, da sind sie sich sehr ähnlich. Menschen mit Downsyndrom brauchen für viele Dinge ein bisschen länger, zum Beispiel Sprechen ist ein Riesenthema. Für Alexander ist es sehr schwierig deutlich zu sprechen, er strengt sich aber sehr an. Er genießt es auch, dass er jetzt kommunizieren kann.

Der Samuel spricht ganz wenig. Er teilt ganz wenig mit. Viele Männer reden zu Hause auch nicht über ihre Gefühle und das ist schon eine richtige Herausforderung. Das heißt, man hat natürlich Logopädie, man überlegt bei besonderen Kindern immer wieder: Was brauchen sie jetzt? Was brauchen sie an Forderung und an Förderung? Ohne dass man sie ständig therapieren will. Das nervt ja auch. Keiner will, dass ständig an ihm herumgedoktert wird und so vermittelt wird: Du bist nicht okay, wie du bist. Von daher ist das schon ein abwechslungsreicher, besonderer Alltag. Wir fühlen uns andererseits auch sehr beschenkt, weil der Alexander ein so lebendiger Mensch ist. Ich glaube, ich kenne sonst niemanden, der so vor Energie und Lebensfreude sprüht. Und das ist natürlich etwas, was den Alltag auch richtig beglückt.

Wenn Sie mit zwei behinderten Kindern durch die Straßen laufen, shoppen gehen, werden Sie manchmal schräg angeguckt?

Wir waren gestern erst in einem Freizeitpark und da war es rappelvoll, es war ein Feiertag. Uns ist dann auf der Rückfahrt aufgefallen, dass wir eigentlich kein anderes Kind mit Behinderung gesehen hatten. Man merkt dann schon, dass die Leute schauen. Kinder gucken oft, weil man Menschen mit Downsyndrom ja meistens die Behinderung ansieht. Die Augen sind ein bisschen auffällig. Aber bei uns im Ort im Oberpfälzischen in Bayern, da sind die beiden Jungs ganz willkommen und gehören ganz selbstverständlich dazu.

Wenn das Jugendamt heute anrufen würde und sagen würden: „Herr Neufeld, Frau Neufeld, hier wäre nochmal ein drittes besonderes Kind." Würden Sie es aufnehmen?

Im Moment vielleicht nicht mehr, weil wir auch denken, ein drittes festes Kind würde uns wahrscheinlich noch mehr fordern. Mit den drei Jungs sind wir bereits gut gefordert. Zur Zeit machen wir Bereitschaftspflege. Wenn also ein Kind akut aus einer Familie oder eine Situation herausgenommen werden muss für ein paar Wochen oder Monate, bis eine dauerhafte Lösung gefunden ist. Das heißt aber auch, die Zeit geht wieder zu Ende, man kann sich auch wieder davon erholen und hat nicht die konstante Verantwortung.

Was mich fasziniert, Sie investieren nicht nur als Familie viel in Ihre Kinder mit Downsyndrom, auch als Verleger bringen Sie wunderbare Bücher heraus über Kinder und Menschen mit Downsyndrom. „Was soll aus diesem Kind nur werden?", „Sieben Lebensläufe von Menschen mit Downsyndrom" oder dieses schöne Buch „Außergewöhnlich".[1] Sie könnten vermutlich mit anderen Themen viel mehr Geld machen und einen Bestseller nach dem anderen herausbringen. Warum investieren Sie als Verlag gerade in solche Themen?

Wir empfinden, dass uns, so wie in der Familie, auch im Verlag etwas anvertraut wurde, nämlich, dass das Leben mit behinderten Kindern nicht nur Last ist. Wir erleben, dass Menschen mit Behinderung uns etwas zu geben haben, etwas zu sagen haben. Von daher sind diese Bücher richtige Schatzkästchen, weil sie uns etwas geben für unser eigenes Leben und weil sie uns bereichern. Und das ist etwas, was uns wichtig ist, wo wir wirklich „Strom auf der Leitung haben" und worum wir werben. Deshalb machen wir die Bücher aus tiefster Überzeugung und das sind auch mit unsere erfolgreichsten Bücher. Man könnte ja sagen, das ist eine kleine Nische, Menschen mit Behinderung, Thema Inklusion, aber das ist heute ein Megathema.

Ich bin froh darüber, weil es einfach richtig ist, den einzelnen Menschen zu sehen und dafür zu sorgen, dass Menschen Raum bekommen, sich zu entwickeln. Und das wird in diesen Büchern eben auch aufgegriffen. Von daher trifft es schon in die Lebenswelt von vielen, es trifft auch zum Beispiel die Frage:

---

1 Alle Bücher erschienen im Neufeld-Verlag. www.neufeld-verlag.de

„Was ist, wenn's im Leben anders kommt?" Ein Kind mit Behinderung zu bekommen bedeutet häufig zuerst einmal einen Schock, Trauer, Schrecken. Viele Leute denken: Jetzt ist mein Leben vorbei. So ging es auch der Autorin des Buches „Außergewöhnlich". Was tue ich dann? Wie kann ich mich darauf einlassen, ein Leben nach Plan B zu führen? Das ist eine Erfahrung, die wir alle teilen. Ständig kommt es anders als man geplant hat und man muss immer damit umgehen. Von daher steckt darin auch Lebensweisheit für viele.

Ein besonderer Mensch, David Neufeld, ein besonderer Verleger, ein besonderer Verlag. Sagen Sie uns zum Schluss noch: Was hält Sie über Wasser in all dem? Gibt es so etwas wie eine Lebensphilosophie, ein Lebensmotto, an das Sie sich halten?

Da müsste ich ein bisschen überlegen. Für meine tägliche Arbeit habe ich ein Motto, das heißt: „Tu, was du kannst, mit dem, was du hast, dort, wo du bist." Das hilft mir in dieser Fülle von Aufgaben, die man vor sich sieht, zu überleben. Aber ein bisschen tiefer, als Grundlage meines Lebens und was wir uns als Verlag als Motto gegeben haben, ist: „Stellen Sie sich eine Welt vor, in der jeder willkommen ist." Das bedeutet zuerst, dass wir bei Gott willkommen sind, und daraus lebe ich. Daraus ziehe ich Kraft und Zuversicht und merke: Das ist das größte Geschenk für mich.

Durch den Glauben zurück ins Leben

Déborah Rosenkranz

Im Alter von 17 Jahren wäre Déborah fast an Magersucht gestorben. Aber durch ihren Glauben fand sie zurück ins Leben. Heute tourt Déborah Rosenkranz als Musikerin in Europa und den USA, um auf den wahren Wert des Lebens zu verweisen. Dass sie daneben schon für ein weltumspannendes Imbissunternehmen werben durfte, ist vielleicht als Humor Gottes anzusehen. Und sie kann völlig gesund und glücklich bezeugen, dass sie das Leben und Gott liebt. Déborah Rosenkranz bewegt sich zwischen Rampenlicht, Tourneen und einer liebenden Familie.

Bei Ihrem Nachnamen „Rosenkranz" könnte man vermuten, dass Sie Jüdin sind?

Nicht dass ich wüsste. Ich wollte immer mal nachforschen, wo der Name überhaupt herkommt, aber bis jetzt weiß ich es noch nicht.

Von schwerer Krankheit geheilt, erfolgreiche Musikerin und Buchautorin mit weltweiten Auftritten. Viele Stichworte für ein erfülltes Leben. Was ist denn Ihr Hauptthema oder der rote Faden?

Der rote Faden bei mir ist, dass ich Menschen liebe und immer alles tue, um ihnen durch meine Arbeit, sei es die Musik, oder Motivationsreden, Hoffnung zu geben und ihr Leben positiv zu verändern, weil ich selbst so viel erleben durfte und weiß, dass es geht.

Wenn ich Ihre Biographie richtig verstanden habe, haben Sie selbst die Hoffnung einmal fast verloren. Im Alter von 14 Jahren werden Sie magersüchtig. Wieso wird ein frommes, hübsches Kind so jung magersüchtig?

Naja, oft weiß man nicht, was hinter so einem perfekten Leben eigentlich wirklich passiert. Für viele war ich das glücklichste Mädchen. Ich hatte immer ein Lächeln auf den Lippen, aber innerlich sah das anders aus. Ich hatte mit Komplexen zu kämpfen, nie extrem, doch mir war schon bewusst gewesen, dass ich mit meinen 77 Kilo auf der Waage eher zu den dicken Mädchen gehörte. Und als eines Tages dann beim Handballtraining, das ich sehr gerne gemacht habe, mein großer Schwarm zugeschaut hat und zu mir sagte: „Déborah, du spielst wirklich gut Handball, aber ich frage mich, wie du mit so viel Fett überhaupt rennen kannst", da brach meine Welt komplett zusammen. Es war ein Satz, der mein Leben von heute auf morgen verändert hat. Ein einziger Satz und ich fing an zu glauben, dass ich nicht liebenswert bin. Dass ich nie geliebt werden würde, wenn ich nicht so schlank werde wie die anderen. Dieser Tag änderte alles. Meine Werte, den Glauben, den ich vorher doch hatte – all das habe ich plötzlich vergessen und habe nur noch ihm geglaubt und gedacht, ich muss jetzt abnehmen, um reinzupassen, um zu gefallen, um so zu werden, wie er das möchte.

Wie muss man sich denn den Alltag eines magersüchtigen Menschen vorstellen? Was hat sich verändert im Gegensatz zu der Zeit davor?

Sowas fängt ja unscheinbar an. Ich habe zuerst das Abendessen weggelassen, später habe ich auch beim Frühstück die Nahrungsaufnahme verweigert, immer stufenweise. Und irgendwann habe ich nur noch einen halben Apfel am Tag gegessen. Wie soll ich sagen, ganz „zahm“ ist das passiert. Meine Eltern haben das nicht bemerkt. Denn während ich immer weniger gegessen habe, habe ich immer weitere Kleidung getragen, sodass es erst an ihnen vorbeiging. Und als es schon fast zu spät war, ist ihnen deutlich geworden, okay, hier müssen wir eingreifen. Unsere Tochter hungert sich zu Tode und wenn sie so weiter macht, haben wir keine Chance mehr. Aber es war schon recht spät.

Ich habe drei Brüder, und Männer gehen nochmal anders damit um. Später habe ich meine Brüder gefragt: „Wieso habt ihr nie wirklich was gesagt?“ Und sie meinten nur: „Zuerst dachten wir, es ist ja nicht schlecht, wenn du ein bisschen abnimmst.“ Ein paar Kilo weniger wären auch sicher nicht falsch oder ungesund gewesen. Aber dann haben sie einfach den richtigen Moment verpasst, und plötzlich war ich schon so schlank und emotional unerreichbar für sie geworden, dass es zu spät war. Ich habe immer erzählt, ich hätte schon gegessen und ließ ihnen somit keine Möglichkeit, um einzuschreiten.

Wenn ich das richtig verstanden habe, ist, wie Sie vorhin auch selbst gesagt haben, Ihr ganzes Wertesystem, Ihr christlicher Glaube – Sie sind sehr gläubig erzogen worden – zusammengefallen. Mit Lügen sogar.

Ja, das war so. Ganz genau. Ich bin damit aufgewachsen. Wir sind Sonntag für Sonntag in den Gottesdienst, haben in der Familie auch immer zusammen gebetet, aber ich hatte zu dem Zeitpunkt noch nicht realisiert, dass ich eine persönliche Beziehung zu Jesus Christus haben kann, und dass genau das mich vor dem Ganzen hätte bewahren können. Ganz im Gegenteil, ich habe ich aufgehört zu beten und mich in der Zeit von Gott distanziert.

Für mich war Gott jemand, der keine Ahnung hat vom Kalorienzählen. Wie kann Gott mich verstehen in der Situation? Und so habe ich mich zurückgezogen. Das ist ja oft so im Leben, wenn man weiß, man macht was falsch, rennt man vor Gott weg, anstatt in dem Moment zu ihm zu kommen. Somit hatte ich nichts mehr mit ihm zu tun, weil ich wusste, dass es nicht richtig ist, was ich da gerade mache.

Was hat Ihnen denn nachher geholfen, aus der Magersucht, aus der Bulimie herauszukommen? Sie sagten, Ihre Eltern haben eingegriffen?

Genau. Meine Mutter hat oft versucht, mit mir zu sprechen. Ich habe mit Abwehr reagiert, was eine Magersüchtige immer macht. Ich dachte immer, sie will, dass ich fett werde, sobald sie gesagt hat: „Iss was." Ich dachte mir, von einem Stückchen Brot nehme ich vier Kilo zu. Ich habe die Relationen verloren. Und eines Nachts bin ich viel zu spät nach Hause gekommen und habe gehört, dass meine Eltern noch wach waren. Sie haben so bitterlich geweint, dass ich erst einmal näher an ihr Zimmer bin und dachte, oh nein, es ist jemand gestorben. Aber als ich dann näher ran bin, habe ich gehört, dass sie sich über mich unterhalten haben.

Und ich wusste, ich war kurz davor, alles zu verlieren. Mein linkes Bein konnte ich schon nicht mehr bewegen. Ich hatte meine Periode nicht mehr. Mir sind die Haare ausgefallen und mein Arzt hatte auch bestätigt, dass ich kein Jahr mehr zu leben haben würde. Körperlich war ich schon lange am Ende und das wusste ich. Und da habe ich gehört, wie meine Eltern zu Gott geschrien haben, sie haben nicht nur gebetet, sie haben wirklich geschrien. Das war ein schmerzerfülltes Schreien. Da habe ich realisiert: Die Menschen, die mir das Leben geschenkt haben, sie weinen, weil sie wissen, dass dieses Leben bald verschwinden wird. Es wird vorbei sein und das ist allein meine Schuld, weil Essstörung eine Entscheidung ist.

Ich wollte schon noch leben, aber ich wusste nicht mehr, wie ich da rauskomme. Und in dem Moment habe ich wieder was verspürt, was ich nicht mehr kannte, nämlich Hoffnung für mein Leben. Zu sehen, meine Eltern wissen menschlich nicht mehr weiter, selbst die Ärzte haben mich aufgegeben, aber da ist Gott. Für sie gab es nur noch Gott in dem Moment. Und es war ihre letzte Kraft, ihr letzter Halt, und ich wusste, das will ich auch wieder.

Ich habe die Tür aufgemacht – und Eltern können sich gut vorstellen, was das für ein Moment gewesen ist. Wir hatten uns vorher nur noch angeschrien und jetzt steht die Tochter da, weinend. Und ich habe gesagt: „Mama, Papa, ich will mit euch beten. Ich will diesen Glauben wieder, und ich weiß, ich kann dann gesund werden."

Für meine Eltern war das ein großes Wunder, denn es war nicht nur diese eine Nacht, in der sie für mich gebetet haben. Monatelang, jahrelang lagen sie nachts wach und haben für mich im Gebet um mein Leben gekämpft, und das war die Antwort. Manchmal ist Gottes Timing ein anderes als das, was wir uns wünschen, aber für mich heute weiß ich, es war der perfekte Zeitpunkt.

Und hat wirklich das Gebet und der Glaube Sie da rausgeholt oder gab es noch therapeutische Hilfe, die Sie in Anspruch genommen haben?

Danach war es noch ein langer Prozess, auch ein schmerzhafter, rein körperlich. Mein Körper war es nicht mehr gewohnt, ein ganzes Glas Wasser zu sich zu nehmen. Und da mussten wir wirklich viel miteinander sprechen. Meine Mutter hat anders gekocht, sehr, sehr leicht zu Beginn, und dann sind wir als ganze Familie Schritt für Schritt den Prozess gegangen.

Heute empfehle ich nur, dass man gleichzeitig eine Therapie macht. Ich finde, der Glaube ist extrem wichtig, damit man langfristig gesund bleibt, aber eine begleitende Therapie kann ich nur empfehlen. Deswegen haben wir mit der Diakonie Bethanien auch das Power2Be ins Leben gerufen. Eine therapeutische Einrichtung für Mädchen mit Essstörungen in Kaltenbach(CH), direkt an der Grenze zu Deutschland. Mir war es sehr wichtig, auch anderen

Mädchen helfen zu können, die selbst nicht so eine starke Familie um sich herum haben.

Sie sprechen sehr viel über diese Zeit als Magersüchtige und Bulimieerkrankte. Sie kommen viel in Fernsehen, Radio, Medien und auf der Showbühne herum und erzählen. Ist Ihnen das nicht peinlich? Schämen Sie sich nicht ab und zu für die Vergangenheit?

Zu Beginn war es mir extrem peinlich. Ich wollte gar nicht darüber sprechen. Ich erinnere mich noch, wie ich zu Beginn meiner Auftritte nur zögerlich ein paar Worte darüber sprach. Bis ich gemerkt habe, dass schon allein diese zwei Sätze extrem viel ausgelöst haben. Ich habe Mails bekommen von Mädchen, die mir geschrieben haben: „Hey, du verstehst mich. Genau das mache ich durch. Wie bist du rausgekommen?" Dadurch habe ich gemerkt: Okay, darum geht es. Ich habe eine Botschaft, denn ich habe ein Wunder erlebt, was ich anderen mitteilen muss, damit auch sie da rauskommen.

Ich bin ganz, ganz viel unterwegs, jede Woche praktisch, und je mehr ich jetzt darüber spreche, desto mehr merke ich, dass Mädchen tatsächlich gesund werden. Ich bekomme Mails von Mädchen, die mir schreiben: „Nach diesem Abend hast du für mich gebetet. Ich bin nach Hause, ich war so lange magersüchtig, habe mich in die Küche gesetzt und erst mal was gekocht."

Das ist ein riesiges Wunder – natürlich kann man auch nicht jedem helfen. Erst diese Woche habe ich wieder gehört, dass ein Mädchen gestorben ist, und deswegen möchte ich weiter darüber sprechen, weil ich glaube, dass wir wirklich dagegen ankämpfen müssen und vielen Mädchen ihren Wert zurückgeben können.

Ich hätte noch tausend Fragen, aber Sie haben ganz viele Fragen beantwortet in dem Buch „So schwer, sich leicht zu fühlen"[1]. Und Sie haben viele Tipps im Anhang, ganz viele Empfehlungen für Geschwister und Eltern. Was ist denn so auf einen Nenner gebracht der wichtigste Tipp, den Sie heute einem magersüchtigen Menschen mitgeben wollen, müssen, können?

Vergeude keine Zeit und hole dir Hilfe! Du bist nicht alleine damit und wie jeder von uns bist du es wert, gesund zu werden und ein Leben in Fülle zu leben! Ich habe mich in dieser Nacht entschieden, diese Tür aufzumachen und zu meinen Eltern reinzugehen. Das war die wichtigste Entscheidung. Und dann bin ich die ersten Schritte gegangen und habe vertraut. Meiner Familie, meinem Umfeld, meinen Ärzten. Vertrauen ist der Schlüssel.

---

1 Déborah Rosenkranz: „So schwer, sich leicht zu fühlen". Erschienen bei adeo (Buch 814230; ISBN 978-3-94220-830-7)

Gott hat Sie mit ganz, ganz vielen Gaben beschenkt. Unter anderem auch mit der Gabe des Singens. Sie singen sehr viel, Sie haben eigene CDs herausgebracht, sind weltweit auf Tour. Sagen Sie mir noch ganz kurz, warum es sich lohnt, diese CD anzuhören und vor allem dieses besondere Lied „Beautiful, wonderful, powerful".

Es ist der Song, der mich seit Jahren begleitet und wohl ein Evergreen bleiben wird. Vielen Mädchen hat er Kraft geschenkt, ihren eigenen mutigen Weg raus aus der Krankheit zu gehen. Mein ganz neues Album „Wildheart" enthält den Song „One Prayer", das ist das Lied zu dieser besagten Nacht, die mein Leben veränderte. Durch ein Gebet. Doch auch die anderen Titel machen Lust auf Leben und strotzen nur so von Lebensfreude und Energie! Ich weiß heute, dass jede schwere Zeit im Leben eine Möglichkeit ist, noch stärker zu werden.

Ich habe den Mördern meiner Familie vergeben

Frida Gashumba

Der Völkermord an den Tutsi in Ruanda forderte 1994 etwa eine Million Todesopfer und wurde von der Weltöffentlichkeit kaum beachtet. Menschen, die vorher Nachbarn waren, wurden zu Mördern. Ein ganzes Land wurde traumatisiert. Frida Gashumba, selbst zum Stamm der Tutsi gehörend, hat ihre gesamte Familie im Völkermord Ruandas verloren. Sie selbst lag tot geglaubt in der Grube, in die die Mörder ihre Familie hineingeworfen hatten. Doch sie überlebte auf wunderbare Weise.

Im Völkermord Ruandas wurden über eine Million Tutsi von den Hutu getötet und das alles in nur hundert Tagen. War die Eskalation absehbar oder kam das völlig überraschend für Sie und Ihre Familie?

Doch, es gab schon einige Anzeichen vorher, aber wir konnten uns einfach nicht vorstellen, dass so etwas passieren könnte. Dass sich Nachbarn und Freunde, die Hutu waren, gegen uns wenden könnten. Aber es gab schon Anzeichen. Zum Beispiel wurde 1990 mein Vater inhaftiert, weil ihm vorgeworfen wurde, dass er zu der Rebellenarmee gehören würde. Und 1993 wurde meine kleine Schwester, damals neun Monate alt, im Krankenhaus umgebracht. Das waren Sachen, die passiert sind, die wir wahrgenommen haben, aber die wir einfach nicht einordnen konnten.

Können Sie uns kurz beschreiben, was Ihnen und Ihrer Familie passiert ist in jener verhängnisvollen Nacht, in der Sie alles verloren haben?

Ich erinnere mich noch genau an diese eine Nacht, als der Tötungstrupp an unserem Haus angelangt ist und sie uns dann allesamt aus dem Haus geführt haben, in eine Grube, die hinter unserem Haus lag. Ich kann mich daran erinnern, wie ich mit einem Knüppel niedergeschlagen wurde, mehrere Male auf den Hinterkopf. Und wie wir in dieser Nacht, fünfzehn Leute, in dieser Grube begraben wurden – und weil man geglaubt hat, dass ich tot war, bin ich eben mitbeerdigt worden.

Wie kamen Sie aus dieser Grube wieder frei?

Ich würde heute sagen, das ist wirklich ein Wunder gewesen. Ich war vierzehn Stunden in dieser Gruft begraben. Dadurch, dass ich, als ich niedergeschlagen wurde, meine Finger vor mein Gesicht gelegt hatte, um mein Gesicht zu bedecken, bin ich auch so begraben worden. Ich glaube, das hat mir geholfen, dass ich überhaupt noch Luft bekommen habe. Ich wurde dann letztendlich nach vierzehn Stunden gerettet, als ein junger Mann mich ausgegraben hat. Dieser junge Mann hat mich dann versteckt, auch während der folgenden Zeit des weiteren Völkermordes.

Sie sind gerettet worden, Sie sind befreit worden, vermutlich schwer verletzt. Sie sind geheilt worden, ein langer Prozess. Was haben Sie denn in dieser Zeit über Gott gedacht, der Sie in so eine Situation hineingeführt hat?

Ich war so traumatisiert, dass ich nicht schlafen konnte, ich konnte mich nicht auf die Schule konzentrieren, ich konnte nicht lernen. Und obwohl ich überlebt habe, habe ich wirklich über Gott gedacht: „Wie kann er beobachtet haben, dass das alles passiert ist, und nicht eingegriffen haben?" Ich habe wirklich gedacht, dass Gott entweder nicht existiert oder dass er uns verlassen hat. Ich konnte nicht begreifen, wie das alles passieren konnte und es dann einen Gott geben soll, der rettet, weil das aus meiner Sicht einfach nicht passiert ist.

Sind Sie heute immer noch voller Hass gegenüber Gott, gegenüber den Menschen? Oder was genau ist passiert, dass Sie heute so frei und offen über diese ganzen Erlebnisse erzählen können?

Ich kann mich erinnern, dass es 1998 war, als ich durch eine Schulfreundin zum Glauben gefunden habe. Durch diese neu aufkeimende Beziehung zum Gott konnte ich im Nachhinein auch sehen, dass es der Herr war, der mich aus dieser Grube gerettet hat. Und ich konnte mich auch erinnern, dass ich ihm, als ich dort lag, versprochen habe: Wenn du mich rettest, dann werde ich dir bis an mein Lebensende dienen. Im Laufe dieser neuen Beziehung, dieses neuen Lebens mit dem Herrn, habe ich auch gelernt, Vergebung zu durchleben. Es war ein monatelanger Kampf, durch den Gott mich Stückchen für Stückchen geführt hat, und mir letztendlich die Fähigkeit gegeben hat, wirklich meinen Feinden zu vergeben. Ich kann heute sagen, dass ich frei bin, dass ich vergeben habe und dass ich meine Geschichte oder das, was passiert ist, überwunden habe.

Sie sind verheiratet, Sie haben eigene kleine Kinder und lebten lange Zeit in Ruanda Tür an Tür mit den Mördern Ihrer Familie zusammen. Wie kann das gehen? Können Sie sich in die Augen schauen?

Ich muss sagen, dass ich in dieser Situation nicht unbedingt eine Ausnahme bin, die Überlebenden leben einfach zusammen mit den Mördern ihrer Familien. Für mich, gerade auch weil ich eine neue Familie habe und weil ich das alles erlebt habe, ist es möglich, den Leuten ins Gesicht zu schauen und an meine Vergangenheit zu denken, ohne Schmerzen im Herzen zu haben, weil mir die Vergebung eben möglich war. Ich kann sagen, dass ich heute meine früheren Feinde anschaue und keinen Hass mehr empfinde, weil ich ihnen vergeben konnte.

Sie haben in Ihrem Buch „Frida"[1] geschrieben, dass Sie auf der Suche waren nach den Mördern Ihrer Familie. Und Sie sind denen auch begegnet. Erzählen Sie uns ausschnittsweise, was in Ihnen vorging, als Sie beispielsweise dem Mörder ins Gesicht schauten, der Ihren Vater umgebracht hat.

Das erste Mal, dass ich aktiv nach dem Mörder meines Vaters gesucht habe, war nicht lange nach meiner

---

1 Frida Gashumba: „Frida".
Erschienen im cap-Verlag (Buch 52 50398; ISBN 978-3-86773-037-2)

Rettung und ich erinnere mich, dass ich gezittert habe, als ich ihm das erste Mal begegnet bin. Ich hatte Angst vor ihm und habe noch einen unglaublichen Hass empfunden. Ich konnte ihm weder die Hand schütteln noch ihn anschauen, ich musste gehen. Ich habe dann einen neuen Anlauf genommen und bin noch einmal zu diesen Menschen gegangen. Und das war für mich eine wirkliche Befreiung, denn nach diesen Monaten des weiteren Kampfes habe ich gemerkt, dass ich ihnen wirklich vergeben konnte, dass ich ihre Hände schütteln konnte und dass ich ihnen gegenüber keinen Hass mehr empfunden habe. Dafür bin ich sehr, sehr dankbar.

Nach wie vor ist es für mich ein Wunder, dass Sie weiterhin in Ruanda leben mit Ihrer neuen Familie. Haben Sie denn Hoffnung für dieses Land?

Ich habe sehr große Hoffnungen, was mein Volk und was mein Land angeht, was die jetzt aufwachsende Generation angeht, was die Kinder angeht, die dann mal das Volk führen und in dem Land leben werden. Ich habe große Hoffnung, dass es keine Unterscheidung mehr geben wird zwischen den Stämmen, dass es keine Hutu und keine Tutsi mehr geben wird, sondern dass wir ein Volk sein werden, das in Einheit und in Versöhnung lebt. Das ist mein Traum für die Zukunft und für mein Volk.

Befreiung aus der Alkoholsucht

Ghia Falk

„81 Jahre und ein bisschen leiser", so schreibt sie über sich. Das schafft nicht jeder: 50 Jahre lang lebt sie abstinent. Wegen ihrer Alkoholabhängigkeit riskierte sie alles: Familie, Beruf, Gesundheit, Ehe. Dann begab sie sich in Therapie, in der Klinik Höchsten, Bodensee fand sie zu einem neuen Leben.

Sie haben ja das ganz große Leben genossen. Sie sind von Beruf klassische Tänzerin, Sie waren am Theater und Ihr Weg hat Sie sogar bis an den Broadway nach New York geführt. Man kann schon von einer Bilderbuchkarriere sprechen. Aber dort in New York hat sich dann das Leben auch ein bisschen verändert. Sie sind nämlich mit der Alkoholsucht in Kontakt gekommen. Was würden Sie heute sagen, war denn der Auslöser?

Ich kam nach New York, um zu heiraten. Ich habe meinen Mann in Deutschland kennengelernt und bin ihm in die USA gefolgt. Ich bin dann nicht mehr auf der Bühne gewesen, sondern zu Hause, nach einem Jahr mit einem Baby. Da war die Einsamkeit, das Heimweh sehr groß, in einer Millionenstadt wie New York kann man sehr einsam sein. Wir wohnten mitten drin in Manhattan und da habe ich dann hin und wieder das erste und zweite Glas Alkohol zu mir genommen und habe die Wirkung gemerkt. Das tat mir gut. Es tat mir aber nicht lange gut.

Man kann auch meinen, dass Sie irgendwie Ihren Schmerz ertränkt haben, darüber dass Sie Ihre Karriere als Tänzerin und Model ad acta legen mussten?

Das war ein Teil davon. Das war ja ein ganz anderes Leben. Ich konnte auch nicht kochen, denn ich hatte getanzt. Ich musste meine Familie ernähren und da war so manches Chaos vorprogrammiert. Es war schon schwer, vom Theater Abschied zu nehmen. Ich war dann ab und zu am Broadway, wenn ich mit meinem Kinderwagen dort lang ging, denn wir wohnten ja nicht weit von da. Dort habe ich dann ab und an einen Künstler getroffen, den ich von früher kannte. Das waren natürlich ganz wunderbare Begegnungen, aber dann ging ich wieder in meine kleine Zwei-Zimmer-Wohnung und in meinen Alltag als Hausfrau und Mutter zurück.

Wie muss man sich denn Ghia Falk als Alkoholabhängige vorstellen? Von ein bis zwei Gläsern Alkohol wird man ja noch nicht suchtkrank.

Nein, aber wenn man etwas von Sucht versteht, dann weiß man, dass Menschen, die eine gewisse Struktur haben – ich meine nicht die geerbte, sondern weil sie immer auf der Suche nach Liebe und Anerkennung ihres Vaters sind – bei Schwierigkeiten einen Ausweg suchen, und der Alkohol hat mir diesen Weg vorgegeben. Dass das ein teuflisches Zeug war, wusste ich damals noch nicht. Ich habe nur gemerkt, dass es langsam mehr wurde und dass es nach einiger Zeit ein Pint Whiskey oder Wodka war. Wodka, das hatte ich rausgefunden, riecht man nicht so sehr. Man ist sehr clever als Suchtkranker.

Wie war das mit Ihrem Mann? Der hat das ja vermutlich gemerkt. Sie konnten das ja nicht verstecken vor ihm.

Ein Suchtkranker ist sehr erfindungsreich. Ich habe viel verstecken können und mein Mann hat es erst ungefähr nach fünf, sechs Jahren gemerkt. Er hatte zwar die Veränderung bei mir bemerkt, aber ich versuchte das Bild der treusorgenden Hausfrau und liebenden Gattin aufrechtzuerhalten und das ging eine Weile. Als er die Flaschen fand, die ich versteckt hatte, da brach für ihn eine Welt zusammen. Was zu verstehen ist. Heute verstehe ich das hundertprozentig.

Man hätte vermuten können, dass er das Weite sucht zur nächstbesten Frau. Er ist Ihnen aber treu geblieben.

Ja, mein Mann hat mich aus Liebe geheiratet. Und als er sah, was durch den Alkohol mit mir passierte, sind wir nach Deutschland zurückgegangen, weil hier größere Hilfsmöglichkeiten waren. Er hat sich dann in der Zeit, als ich hier in der Klinik war, durch Bücher Wissen über Alkohol angeeignet. Als er gemerkt hat, dass das nicht ein schlechter Charakterzug von mir war, sondern dass ich ein kranker Mensch, ein verzweifelter Mensch war, da hat er gedacht, er gibt mir eine Chance. Er wollte warten, bis ich nach Hause komme. Er war dann hier auf dem Ringgenhof zu einem Gespräch mit Dr. Ried, der damalige Direktor der Suchtkliniken Höchsten und Ringgenhof. Durch ein wunderbares Gespräch hat unser gemeinsames Eheleben wieder angefangen und bis heute gehalten, und, so Gott will, wird es weiter halten. Wir sind in diesem Jahr 59 Jahre[1] verheiratet. Das ist ja heute, gerade mit unserer Vergangenheit, schon etwas Besonderes.

59 Jahre verheiratet, wie lange jetzt abstinent?

50 Jahre morgen.

50 Jahre, da muss ich ja meinen Hut vor Ihnen ziehen. 50 Jahre keinen Alkohol ...

50 Jahre keinen Alkohol, kein Rückfall. Ja, freies Leben, dankbares Leben. Meine Dankbarkeit überwiegt eigentlich alles.

Was ist Ihr Erfolgsgeheimnis? 50 Jahre ohne Alkohol, viele Träume und Wünsche begraben müssen und trotzdem zufrieden und heute als lächelnde, dankbare Frau mir gegenüber sitzend.

Das ist Gottes große Liebe. Der beste Satz, der mir in meinem Leben begegnet ist, heißt: „Du bist ein Wunschkind Gottes." Im Grunde genommen hat mir das den Weg für ein freies neues Leben geebnet. Und danach lebe ich und versuche es weiterzugeben. Deshalb bin ich auch hier, deshalb bin ich viel unterwegs gewesen und habe diese Erkenntnis und meine Erfahrung als Alkoholkranke, die gesund und frei geworden ist, geteilt. Das soll nicht überheblich klingen. Aber ich möchte Menschen Mut machen, wenn sie in der Sucht stecken – es gibt Auswege!

---

1 [Stand: 2013]

Das hört sich aus Ihrem Mund sehr authentisch an. Tanzt Ghia Falk heute ab und zu noch?

Nein. In Gedanken und in meinem Wohnzimmer, wenn schicke Musik da ist, schon. Ich habe in den ganzen Ehejahren vielleicht fünf Mal mit meinem Mann getanzt. Wir hatten keine Gelegenheiten dazu. Unser Leben war auch finanziell sehr reduziert, es war kein Geld dafür da. Eine schicke Party, das haben wir mal erlebt, aber im Grunde war das ein anderer Zweig des Lebens, an dem ich schon ein bisschen geknabbert habe.

Ich bin immer noch ein lebhafter Mensch, 81 Jahre und ein bisschen leiser. Ich würde sagen, ich bin zwar leiser geworden, aber mein Herz und mein Kopf sind doch lebhaft und so Gott will, soll es auch noch ein bisschen so bleiben. Denn der Glaube an Gott und Jesus Christus ist das, was mir wichtiger ist als das Tanzen.

Und wenn man so ein bisschen leiser wird, dann kann man ja auch die Früchte wachsen hören, die man damals so gesät hat. Unter anderem diese Kapelle, die Sie mitinitiiert haben. Wir sagen von der Stunde des Höchsten und von den Zieglerschen nochmal ganz, ganz herzlichen Dank. Wie geht's Ihnen heute, wenn Sie nach so langer Zeit, nach über dreißig Jahren, diese Kapelle erleben?

Als ich gestern hier hoch kam zum Höchsten, denn ich bin ein Kind des Höchsten und des Höchsten, da hat mein Herz geklopft, mir kamen die Tränen. Diese Kapelle habe ich ja nicht alleine initiiert, sondern ich war 25 Jahre lang die erste Vorsitzende des Förderkreises der Kliniken für die ehemaligen Patienten.

Wir wollten etwas Sichtbares hier auf den Höchsten stellen und haben die Spendengelder teilweise dafür verwendet. Die Zieglerschen Anstalten waren daran beteiligt, aber der Förderkreis, zu dem ich gehörte, hat auch einen maßgeblichen Anteil dazu beigetragen. Wir haben das Kreuz ausgesucht und die Fenster stammen aus unserer Zeit. Und so ist es unsere und auch meine Kapelle auf dem Höchsten.

Leben aus der Hoffnung auf den mitgehenden Gott

Inge Schneider

Inge Schneider ist eigentlich Lehrerin für Mathematik und Religion. Viele Jahre ihres Lebens ist sie vielfach ehrenamtliche Mitarbeiterin der württembergischen Landeskirche. 20 Jahre davon als Synodale im württembergischen Kirchenparlament, und heute ist sie Präsidentin der Landessynode der württembergischen Kirche. Also bekleidet diese Frau das höchste Ehrenamt, das wir hier in der Kirche haben, mit über 2,2 Millionen Kirchenmitgliedern.

Frau Schneider, Sie sind Schwäbin durch und durch. Und von Schwaben ist man eigentlich gewohnt, dass sie das Fremde eher meiden. Sie aber hat es in die Fremde gezogen. Sie waren nämlich vier Jahre lang mit Ihrem Mann in Tansania auf einer Missionsstation. Und dort mit viel Fremdem konfrontiert. Was waren das für Erfahrungen für Sie?

Ich denke, das waren lebensbestimmende Erfahrungen. Die Erfahrung, in einem Land zu sein, das sehr, sehr arm ist. Tansania war zu diesem Zeitpunkt eines der ärmsten Länder der Welt gewesen. Es gab keinen Strom, kein Wasser, die Versorgung war schlecht und dadurch musste man sich im Tageslauf zum Beispiel nach der Sonne richten. Man stand auf, wenn die Sonne aufging, und wenn sie unterging, dann musste alles fertig sein, weil wir das Haus nur noch mit Öllampen beleuchten konnten.

Sie waren dort mit zwei kleinen Kindern. Ich stelle mir das gar nicht so einfach vor. Was waren die größten Herausforderungen für Sie?

Die größten Herausforderungen waren einerseits die Versorgung mit Lebensmitteln, denn es waren die Hungerjahre in Tansania, und andererseits das totale Angewiesensein auf Gott. Vor allem auch in gesundheitlichen Fragen.

Was haben Sie denn genau gemacht in Tansania?

Mein Mann war dort verantwortlich für den Religionsunterricht in der Moravian Church. Diese ist wie eine Landeskirche bei uns. Er hat die Religionslehrer besucht, hat Lehrpläne und Fortbildungen gemacht und ich war „mitausreisende Ehefrau", wie das damals hieß. Das heißt, ich war zuständig für den Haushalt, aber der Haushalt ist dort ein bisschen aufwendiger, weil man ja nichts kaufen konnte. Man musste alles von Grund auf selber herstellen und da ist mir dann mein schwäbisches Erbe, nämlich aus der Landwirtschaft, zugutegekommen. Ich musste natürlich auch das Brot selber backen, wir haben Korn gekauft, das musste gemahlen werden, und so weiter.

Hat sich das auf Ihren Glauben ausgewirkt? Die Konfrontation mit Neuem, mit Fremdem?

Ja, ich denke schon, dass sich das ausgewirkt hat. Eben diese Abhängigkeit von Gott. Wir haben ganz anders gelernt, auf Gott zu vertrauen und in einer sehr viel intensiveren Beziehung mit Gott zu leben. Wir haben da auch sehr viele Erfahrungen gemacht – auch, dass die afrikanische Kirche eine Kirche ist, die stark auf die Ewigkeit hin lebt. „Reich Gottes“ ist dort ein ganz wichtiger Begriff. Und dieser Begriff kommt bei uns ja kaum vor. Wir sind so glücklich im Leben hier, dass wir das Reich Gottes leicht aus dem Blick verlieren. Lob Gottes, Reich Gottes, die singende Kirche, ich denke, das sind Werte, die wir dann nachher auch hierher mitgebracht haben.

Ich kann mir vorstellen, dass es schwierig ist, in Demut auf dem Boden zu bleiben. Wenn man als weiße Missionare kommt, um den Menschen zu helfen, sind Sie doch vermutlich Heilige für die Menschen.

Nein, wir sind ganz normale Menschen. Wir waren Mitglied in der Kirchengemeinde und jeder tut eben das, wozu er die Fähigkeit hat. Es war uns natürlich schon wichtig, rauszugehen und die Menschen in ihren Hütten zu besuchen. Zu mir sind dann auch viele kranke Kinder gekommen, weil es in der Nähe keinen Arzt gab. Und dann sind sie eben zur Missionsstation gekommen und man hat versucht, ihnen zu helfen.

Wenn Sie dort in dieser Zeit so viel fürs Reich Gottes getan haben, müsste man ja denken, Gott belohnt Sie da in irgendeiner Weise dafür. Im Gegenteil, als Sie zurückgekommen sind nach Deutschland, haben Sie einen dritten Sohn bekommen, Daniel. Er ist bis heute mehrfach schwerst behindert. Was muss man sich unter dieser Behinderung vorstellen?

Daniel ist ein Downsyndrom-Kind, aber er hat einen ganz, ganz schweren, als inoperabel geltenden Herzfehler, dazu wurde uns auch gesagt, er stirbt im ersten Jahr, er kann nicht überleben. Er ist immer noch auf dem Stand eines Einjährigen, aber er lebt heute noch.

Wie muss man sich die erste Zeit vorstellen, mit einem Kind, das im ersten Jahr eigentlich auch gleich wieder sterben müsste?

Es war schwierig. Die ersten 14 Jahre waren sehr schwierig, er war Pflegestufe 3. Wir haben uns in der Nacht abgewechselt. Der eine durfte bis ein Uhr schlafen, der andere ab ein Uhr, weil er oft alle 20 Minuten aufgewacht ist, keine Luft mehr bekommen hat, Sauerstoff gebraucht hat und so weiter. Es war schon eine große Herausforderung, auch kräftemäßig, aber ich denke, auch vom Glauben her. Damit zurechtzukommen, jetzt ein so schwerkrankes Kind zu haben, das eben auch nicht auf vielfaches Beten gesund wird.

Mir war es da wichtig, im Gespräch mit Gott zu bleiben. In Tansania war Gebet etwas ganz Wichtiges. Und das war mir dann auch in dieser schwierigen Zeit wichtig, im Gespräch mit Gott zu bleiben und nicht einfach zu sagen: „Ja, ich nehme das alles hin in Dankbarkeit." Das ist nicht meine Art. Nein, ich ich habe nachgefragt: „Herr, warum mutest du uns das zu?" Und die Psalmen haben mir dabei sehr geholfen. Die Beter in den Psalmen nehmen auch nicht alles hin, sondern sie kämpfen so lange mit Gott, bis sie eine innere Antwort von ihm haben. Ich denke, das ist was ganz Wichtiges, sonst bleiben wir nicht ehrlich. Sonst leidet die Beziehung zu Gott.

Jetzt ist Daniel in der Zwischenzeit 28 Jahre alt. Er lebt unter der Woche in einem Heim, am Wochenende wird er immer von Ihnen geholt. Wie sehen Sie dieses Wunder, dass ein Kind, das eigentlich nur ein Jahr Überlebenschance hatte, jetzt 28 ist?

Ich denke schon auch, dass das eine Gnade Gottes ist. Wir haben sehr viel Freude an ihm, auch wenn er nicht sprechen kann, wenn er nicht selber essen kann, nicht normal Brot essen kann und alles püriert werden muss. Aber trotzdem ist er ein fröhliches Kind. Er macht uns viel Freude.

Beschäftigen Sie sich trotzdem mit dem Thema „Loslassen"?

Ja. Ich denke, das ist was ganz Wesentliches, insbesondere für Eltern von behinderten Kindern. Man sieht am Anfang immer das Kind als Teil von sich selber. Und man muss lernen, dass das Kind sein eigenes Leben hat. Jeder hat sein eigenes Leben. Ich hatte einen sehr guten Seelsorger und der hat mal zu mir gesagt: „Nur einer ist Opfer: Jesus. Der opferte sich für alle." Aber wir als Eltern müssen uns nicht opfern. Jeder muss ein stückweit sein eigenes Leid tragen.

In der Synode haben Sie jahrelang sehr viel Verantwortung gehabt. Sie waren die Vorsitzende des Finanzausschusses und bestimmten mit über viele Kirchenmillionen, Sie sind heute Präsidentin dieser württembergischen Landeskirche. Hat Sie Ihre Erfahrung mit dem behinderten Sohn, aber auch Ihre Zeit in Tansania, irgendwie in besonderer Weise geprägt und für dieses Amt prädestiniert?

Ob es mich prädestiniert hat, weiß ich nicht. Aber ich sah es schon als einen Auftrag von Gott an, eben auch in dieses Amt zu gehen. Solch ein Amt kann man nicht einfach übernehmen, weil man denkt, man kann das. Sondern es geht gerade in einem kirchenleitenden Amt darum, dass wir auf Gott hören und er uns auch zeigt, wo er die Schwerpunkte haben will, nur in Abhängigkeit von ihm haben wir die Kraft, ein solches Amt auszufüllen.

Wenn man sich mit Ihrer Biografie beschäftigt, fällt auf, Sie haben zunächst Hauptschulabschluss gemacht, sind heute Präsidentin in der württembergischen Kirche. Sie haben einen schwerst geistig behinderten Sohn und Sie haben hochbegabte Kinder. Die zwei anderen haben es, ebenfalls in der Kirche, weit gebracht als Pfarrer. Sie haben in Tansania sehr viel Armut kennengelernt, hier viel Reichtum. Das sind alles sehr große Gegensätze, Extreme, mit denen Sie konfrontiert worden sind. Wie bringt man so etwas letzten Endes zusammen? Gibt es von Ihnen so etwas wie eine Lebensphilosophie, ein persönliches Credo?

Geprägt hat mich mein Leben lang mein Konfirmationsspruch. Ich finde, der ist wunderschön. Er heißt:

„Ich will dich segnen und du sollst ein Segen sein." Das „Ich will dich segnen" heißt für mich, dass Gott uns – also auch mir – ganz viele Gaben gibt. Wir haben genug zu essen, wir haben Wohnung, wir sind begabt. Und „du sollst ein Segen sein": Gott möchte, dass wir diese Fähigkeiten und Gaben auch für andere einsetzen. Für mich ist es wichtig oder wäre es ein Ziel, dass ich so nah bei Gott lebe, dass ich für die Liebe Gottes durchscheinend werde. Aber das kann immer nur ein Ziel sein und wir scheitern da auch. Ich mache Fehler wie jeder andere auch und werde da schuldig, und kann dann eben wieder nur vom Gebet und der Vergebung her leben.

Wir gehen mit großen Schritten auf Ostern zu. Darf ich Sie zum Schluss noch bitten, eine kurze Osterbotschaft an unsere Zuschauer zu formulieren? Was bedeutet Ostern heute für Sie aufgrund der vielen Lebenserfahrung?

Ostern ist für mich ein ganz fröhliches Fest. An Ostern wird deutlich, dass mit dem Tod nicht alles aus ist. Dass auch unser Leben hier nicht das Letzte ist, sondern dass wir auf das Reich Gottes hinleben. Unseren Zuschauern wünsche ich, dass sie die Erfahrung im Leben machen, dass dieser auferstandene Christus in ihrem Leben erfahrbar wird. Und dass dadurch auch viel Licht ins Leben kommt und wir lachend auf Ostern zugehen.

Erfolg und Niederlage als Leistungssportlerin

Jaqueline Walcher-Schneider

Jaqueline Walcher-Schneider ist Olympia-Finalistin und 14-fache Schweizer Meisterin im Turmspringen. Also eine der erfolgreichsten Sportlerinnen der Schweiz. Sie ist verheiratet, hat drei Kinder und arbeitet als Gesundheits- und Fitnessbotschafterin.

Sie waren Turmspringerin. Das heißt also, hunderte, tausende Male in Ihrem Leben vom Dreimeterbrett in die Tiefe gesprungen. Bei diesem Beruf darf man keine Höhenangst haben.

Nein, definitiv nicht. Die hatte ich damals auch nicht. Jetzt wäre es ein bisschen anders.

Wieso Turmspringen und nicht Inlineskating oder Leichtathletik?

Ich war Turnerin und da war die Akrobatik naheliegend und so habe ich dann recht spät, erst mit 16, zum Turmspringen gewechselt.

Wie sind Sie mit Angst umgegangen im Sport? Wenn man da so auf dem Dreimeterbrett steht ... Also ich persönlich würde da vermutlich x Stoßgebete in den Himmel schicken, jeder andere vermutlich auch ... Wenn Sie keine Höhenangst hatten, wie sind Sie ansonsten mit Angst umgegangen?

Als ich jung war, habe ich eigentlich keine Angst gehabt. Mehr dann die Wettkampfangst, vor allem, wenn die Chinesen und Russen, diese Topspringer der ganzen Welt, beim Wettkampf waren, das hat mich dann jeweils ein bisschen blockiert. Da war ich mental nicht so stark und habe schon ganz stark erleben dürfen, wie stark unser Gott ist.

Echt? Was heißt „ganz stark erleben dürfen"?

Ich habe immer an Gott geglaubt, aber ich selber habe diesen Gott nicht nahe erlebt und gefühlt und auch nie in der Bibel gelesen. Entscheidend war für mich dann die Weltmeisterschaft 1998. Da war ich im Training und mental ist wirklich nichts mehr gegangen. Ich war völlig blockiert. Die Chinesen und Russen und Amerikaner, die waren so perfekt. Da habe ich gedacht, was will ich als Schweizerin denn hier? Ich habe mich selber nicht so gut gesehen, wie ich aber eigentlich war. Und ich konnte nicht mehr springen. Ich habe meine Sprünge nicht mehr beherrschen können. Da wusste ich, jetzt brauche ich wirklich ein Wunder.

Ich bin dann in die Natur rausgegangen, denn etwas anderes als Gott konnte mir nicht helfen. Aber wo ist dieser Gott? Gibt es diesen Gott auch wirklich? Und ich habe kapituliert. Ich bin auf die Knie gegangen und habe geweint und zu Gott geschrien: Wenn es dich wirklich gibt, komm in mein Leben und hilf mir! Ich kann nicht mehr. Ich war in Tränen aufgelöst. Doch auf einmal ist so eine Stärke gekommen. Bis zu diesem Wettkampf hin bin ich immer in die Natur, habe zum Himmel geschaut und mich gefragt: Wo ist dieser Gott? Ich habe versucht, mit ihm zu kommunizieren. Ich spürte einen übernatürlichen Frieden. Ich sprang auch im Training sehr gut. Und in diesem Wettkampf sprang ich vom Vorkampf ins Halbfinale und qualifizierte mich fürs Finale und am Ende bin ich um den kleinstmöglichen Abstand (0,5 Punkte) Vierte geworden. Da habe ich gewusst, dieser Gott ist real. Von da an hat eine ganz neue Beziehung mit Gott angefangen. Ich habe angefangen, in der Bibel zu lesen, mir sind die Augen aufgegangen. Dass unser Gott lebendig ist und was es mit ihm alles gibt.

Vierte bei den Weltmeisterschaften, 14-mal Schweizer Meisterin, eine der besten Sportlerinnen der Schweiz. Heißt das, Gott unterstützt die Erfolgreichen? Oder er führt immer zum Erfolg?

Das muss nicht sein, aber ich habe alles eingesetzt, was ich konnte, und Gott hat diesen Weg mit mir vorgehabt. Er hat mit jedem Menschen einen anderen Weg vor. Und ich glaube wirklich, er hat für jeden einen schönen Weg vorbereitet und er hat Talente und Begabungen in jeden hineingelegt. Bei mir war es damals der Sport und ich habe einfach alles eingesetzt, was ich konnte. Aber mehr ging nicht und ich habe zu Gott gebetet. Er wollte mir eine Plattform schenken und ich habe in den Medien in der Schweiz dann wirklich eine große Plattform bekommen für viele Jahre. Das war für mich ein Geschenk von Gott.

Das Glück ist hold den Erfolgreichen. Aber Sie haben ja auch das Andere erlebt. Bei den Olympischen Spielen in Sydney 2000 auf Platz 8 gelandet. Also nicht ganz oben auf dem Siegertreppchen. Wie geht man mit so einem Frust um? Wenn es denn ein Frust war?

Als Schweizer Team zu zweit sich fürs Finale im Synchronspringen bei den Olympischen Spielen zu qualifizieren war ein großer Erfolg. Natürlich hofften wir dann auf mehr. Ich glaube, jeder Sportler erlebt, dass Erfolg und Niederlage ganz nah beisammen sind. Da ist es dann wichtig, dass einen nicht der Sport und Erfolg erfüllen, sondern dass es noch etwas anderes gibt, das einen erfüllt und einem auch Identität und Wert gibt.

Dass das nicht davon abhängig ist, was die Medien über einen schreiben, was der Nachbar sagt oder wie erfolgreich man ist. Natürlich, im ersten Moment ist man enttäuscht, aber trotzdem weiß man, das Leben ist so gewaltig, da gibt es so viel mehr und das ist nicht auf Sport und Erfolg limitiert. Das geht weit darüber hinaus.

Sie waren die erfolgreichste Wasserspringerin der Schweiz. Das heißt, man hat ja auch immer unter Druck gestanden. Konnten Sie Ihr Leben nach dem Sport neu erfinden oder sind Sie immer noch sehr auf Leistung aus und darauf, dass alles gelingt? Sind Sie immer noch sehr ehrgeizig oder wie laufen Sie heute durchs Leben?

Das ist eine ganz gute Frage. Am Anfang war es ehrlich gesagt schwierig für mich. Ich habe Gott gehabt und es war wunderschön mit ihm, aber nach dem

Leistungssport habe ich schon gedacht, es geht immer so weiter. Ich war richtig wie ein Rennpferd. Es musste immer losgehen, vorwärts, dem Ziel entgegen. Und ich wollte auch die Plattform weiter nutzen, die Gott mir eigentlich geschenkt hatte, aber dann ist zuerst einmal eine gewaltige Talfahrt gekommen.

Man kann sagen, ich war total in der Wüste und wusste nicht mehr nach rechts oder links. Es war wirklich eine schwere Zeit. Ich habe dann meinen Mann kennengelernt, zusammen haben wir auch Zeiten gehabt, die nicht so gut waren, aber immer gewusst, Gott hat den richtigen Weg für uns. Wir haben einfach angefangen, Schritt für Schritt diesen Weg weiterzugehen. Und dieser Traum, diese Vision, die wir in unserem Leben hatten, er und ich gemeinsam, die war eigentlich immer da, daran haben wir festgehalten, auch in den ganz schweren Zeiten. Gott ist treu.

Mit Ihrem Mann zusammen haben Sie ein Buch herausgebracht. Sie haben Ihr Leben neu erfunden als Gesundheits- und Fitnessbotschafterin und haben ein Buch geschrieben mit dem Titel „Das Wellbeing-Prinzip. Gesund leben. Glücklich sein". Haben Sie den Eindruck, dass viele Menschen ungesund leben und unglücklich sind?

Ja, ungesund ganz sicher. Wir haben als Geschenk einen wunderbaren Körper bekommen mit über 650 Muskeln, und die Muskulatur, die braucht einfach Bewegung. Wir müssen ja auch treue Verwalter sein. Denn es nützt nichts, wenn wir im Beruf Erfolg haben, wenn alles gut läuft und wenn dann der Körper nicht mehr mitmacht. Aber mein Mann hat trotz Fitness und Gesundheit ein Burnout gehabt. Da mussten wir wirklich erleben, dass Gott und ein gesunder Körper einen nicht vor einem Burnout bewahrt, dass man ausbrennen kann.

Wichtig ist auch, dass man das macht, wofür man Leidenschaft und ein Brennen im Herzen hat, nämlich, dass man wirklich in seiner Berufung ist. Eigentlich die Frage, wohin man will mit seinem Leben. Wenn man eines Tages am Ende zurückblickt: Habe ich alles eingesetzt, was ich bekommen habe? Habe ich die Leidenschaft gehabt, jeden Tag das zu tun, wofür ich brenne, wofür ich Feuer habe? Bei meinem Mann ist nach seiner Sportkarriere und seinem Studium auch der berufliche Teil dazugekommen. Er ist seinem Herzen auch gefolgt, obwohl es ein großer Schritt war, etwas Neues zu wagen, aber er hat von Gott gewusst, dass es dran ist.

Ein weiterer Bereich, den man nicht vernachlässigen darf, sind gesunde Beziehungen, insbesondere die Ehe und die Kinder, aber auch den weiteren Familienkreis und einen guten Freundeskreis pflegen. Mein Mann coacht viele Sportler, er ist Sportpastor, auch bei den Olympischen Spielen, und er hat erlebt, wie Sportler, die jahrelang nur für den Sport und ihr Training gelebt haben, es später in der Ehe nicht ganz einfach haben. Für uns war dann irgendwann klar, wir wollen ein Buch schreiben. Es umfasst zum einen natürlich das Körperliche, daher kommen wir, denn mein Mann war auch Leistungssportler. Aber es gehört viel mehr dazu. Es geht darum, dass das Leben aufblüht, dass man selbst aufblühen kann, statt eben ausglühen. Wir haben im Buch fünf Bereiche aufgeführt, die da eine sehr wichtige Rolle spielen. Mehr dazu unter www.wellbeing24-7.com oder www.beyond-gold.org

Das ist spannend. Ganz herzlichen Dank, dass Sie bei uns waren. Gottes Segen für die Zukunft und auch für Ihre Familie, und viele, viele Anhänger dieses Wellbeing-Prinzips.

Neonazi: Im Gefängnis von Gott gefunden

Johannes Kneifel

Johannes Kneifel ist 17, als er zusammen mit einem Freund einen Mann in seiner Wohnung aufsucht und ihn brutal verprügelt. Der Grund: Peter Deutschmann hatte die Jugendlichen kritisch auf ihre rechte Gesinnung angesprochen. Gewalt gehört zu deren Alltag, ebenso wie rechte Musik, Alkoholexzesse und das Gefühl, kein Teil dieser Gesellschaft zu sein. Einen Tag nach der Tat stirbt Peter Deutschmann im Krankenhaus. Johannes Kneifel wird verhaftet und muss für fünf Jahre ins Gefängnis. Er gilt als hochintelligent, aber auch als hochgefährlich. Mehrfach muss er in Isolierhaft. Die Wende beginnt, als er anfängt, den Gottesdienst zu besuchen, sich mit Seelsorgern auszutauschen. Johannes erkennt, dass seine von Wut, Gewalt und Fremdenhass geprägten Wege in eine Sackgasse geführt haben. Er findet zum Glauben an Gott. Auf ihn vertraut er heute. Nach seiner Entlassung beginnt Johannes Kneifel ein Theologiestudium, bald wird er Pastor. Die Tat und die Zeit im Gefängnis werden ihn sein Leben lang begleiten.

Ich sage es Ihnen ehrlich: Ich bin als Christ noch nie in eine Talkshow oder ins Fernsehen eingeladen worden und auch als Pastor nicht. Darf man einen Verbrecher, auch wenn er jetzt Pastor ist, so hochjubeln?

Also zum einen mag ich diese Bezeichnung Verbrecher nicht mehr. Ich habe früher Menschen auch in Kategorien eingeteilt. Ich habe von den Ausländern gesprochen, von den Linken, den Kinderschändern oder weiß ich nicht was, und ich habe gelernt, dass jeder, egal was er gemacht hat, ein Mensch ist, in christlicher Sprache ein Geschöpf Gottes ist. Und es gibt Menschen, die Verbrechen begehen. Aber dass sie Verbrechen begehen, prägt nicht ihr ganzes Leben, deswegen sind sie viel mehr als Verbrecher, es bleiben Menschen.

Diese Perspektive ist mir einfach auch wichtig, wenn wir mit Menschen zusammen sind und über Menschen sprechen. Dass wir immer daran denken, es sind Mitgeschöpfe. Egal, was sie getan haben, sie bleiben Geschöpfe Gottes und sie haben eine Würde trotz allem, was passiert ist. Trotz allem, wie sie sich anderen Menschen gegenüber verhalten haben, wie sie ihr eigenes Leben gestaltet haben. Sie haben eine Würde, die von Gott in ihnen angelegt ist, und deswegen ist es eigentlich Sünde, sie einfach nur auf das Schlimme in ihrem Leben zu reduzieren.

Medien reißen sich um Sie. Gymnasien, Realschulen, Hauptschulen laden Sie ein. Es werden viele Reportagen über Sie gemacht. Was haben Sie persönlich für einen Grund, sich nicht ins stille Kämmerlein zurückzuziehen, sondern die Sache, das Verbrechen, so an die Öffentlichkeit zu zerren?

Ich habe zunächst aus dem Verständnis heraus, wie ich die Bibel gelesen habe, den Auftrag gesehen, dass wir Zeugen sein sollen für das, was Gott getan hat und was wir mit Gott erlebt haben. Deswegen handle ich aus meinem christlichen Glauben heraus. Es geht nicht primär darum zu sagen, was schlimm war in meinem Leben, was ich getan habe, sondern zu erzählen, wie Gott in meinem Leben eingegriffen hat und mir vergeben hat, wie Gott mir neues Leben ermöglicht hat. Das ist mein Auftrag als Christ, so wie jeder Christ die Aufgabe hat, davon zu erzählen, wer Gott ist und was Gott getan hat.

Ich habe in den letzten Jahren einfach gemerkt, dass es nicht nur ein christlicher Auftrag ist, es ist ein gesellschaftlicher Auftrag, anderen Menschen zu erzählen, wie das Leben laufen kann, was es an schlimmen Dingen im Leben gibt. Dass diese Dinge die Realität sind, die nicht nur im Tatort im Fernsehen vorkommen, sondern die in allen Städten und in vielen Dörfern. Im zwischenmenschlichen Bereich gibt es immer wieder schwere Schuld. Aber diese Schuld ist nicht das Einzige im Leben. Es gibt Wege, damit umzugehen, davon wegzukommen und es gibt für alle Situationen und für alle Menschen Hoffnung. Ich bin lange als hoffnungsloser Fall bezeichnet worden. Es haben Leute gesagt: „Wegsperren für immer. Nie wieder eine Chance geben, der ist zu gefährlich.“ Und ich möchte, dass Menschen anhand meiner Geschichte merken, Veränderung ist immer möglich. Nicht aus sich selbst heraus, aber durch Gott. Ich möchte den Leuten, die selbst in scheinbar hoffnungslosen Situationen sind, sagen: „Ihr könnt da rauskommen."

Und ich möchte auf die normale Gesellschaft einwirken, dass die Gesellschaft offen ist für Veränderung. Es gibt immer noch Menschen, die sich schwer damit tun, mir die neue Chance zuzugestehen, die ich rein rechtlich sowieso habe, denn ich habe meine Strafe verbüßt und ich habe alle Rechte, die jeder andere Bürger auch hat. Als Christen sagen wir, wir rufen Menschen zur Umkehr auf. Das geht aber nur, wenn ein Weg frei ist, wo sie umkehren können. Und ich konnte umkehren, weil ich Menschen hatte, die mir die Möglichkeit gegeben haben. Ich möchte, dass noch viele Menschen umkehren und dass sie eine Gesellschaft vorfinden, die ihnen diesen Weg offen lässt.

Wie geht denn die rechtsextreme Szene mit Ihnen um? Haben Sie da noch Kontakt? Oder gab es schon mal Drohanrufe oder Drohbriefe: Johannes, komm zu uns zurück!

Ich habe keinen persönlichen Kontakt. Ich habe natürlich ein paar Sachen gelesen, die auch von solchen Leuten irgendwo geschrieben worden sind, und das sind keine freundlichen Kommentare wie „Wir wünschen dir alles Gute auf deinem neuen Lebensweg", sondern natürlich auch sehr negative Sachen. Es besteht tatsächlich auch eine latente Bedrohungslage, aber es sind ja nicht nur Rechte, die mit meinem neuen Lebensweg nicht einverstanden sind und die mir da nichts Gutes wünschen. Ich gehe meinen jetzigen Weg, weil ich weiß, dass es der richtige Weg ist, dass es ein guter Weg für mich ist und auch für andere Menschen. Ich lasse mich von niemandem abhalten, diesen Weg zu gehen.

Haben Sie Kontakt zur Familie des Opfers Peter Deutschmann?

Nein, ich habe keinen Kontakt. Ich hatte nochmal versucht, Kontakt aufzunehmen, um auch da um Vergebung zu bitten, aber das ist leider bisher noch nicht möglich gewesen von der Seite der Familienangehörigen aus. Ich hoffe, dass irgendwann nochmal Kontakt möglich ist, auch Vergebung möglich ist, aber bisher leider noch nicht.

Sie waren im Gefängnis wegen Körperverletzung mit Todesfolge. Jetzt gibt es Stimmen, die behaupten, Deutschmann sei gar nicht wegen der Gewalt, die Sie ihm angetan haben, gestorben, sondern weil ein Arzt ihn nicht richtig behandelt hat. Nun geht das Verfahren gerade in eine neue Runde. Entlastet Sie das?

Ich habe die Hoffnung, dass es nochmal neu aufgerollt wird, dass dann auch alles auf dem Tisch kommt, was damals nicht gesagt worden ist. Manche Leute denken, dass die Frage der Entlastung nochmal was Wesentliches wäre, weil sie Schuld in Kategorien unterteilen. Dass es schwere Schuld gibt und weniger schwere Schuld. Und natürlich ist Körperverletzung dann als Kategorie eine weniger schwere Schuld als Körperverletzung mit Todesfolge. Für mich selbst ist es so: Ich bin schuldig geworden, egal in welcher Kategorie, und ich brauchte für meine Schuld Vergebung. Und ich habe diese Vergebung bekommen von Gott, mittlerweile auch von vielen Menschen. Ich konnte mir selbst vergeben und das ist für mich das Entscheidende. Natürlich ist es für mich selbst auch wichtig, Gewissheit darüber zu haben, was damals alles passiert ist. Aber auf der Entlastungsebene ändert das für mich persönlich, was meine Schuld angeht, nichts und es ändert auch nichts daran, dass damals alles so fatal gelaufen ist. Peter Deutschmann ist gestorben, ich bin ins Gefängnis gegangen, die Dinge sind so gelaufen und lassen sich auch nicht zurückdrehen.

Wenn man fünf Jahre hinter Gittern verbringt, in einer Einzelzelle, laufen vermutlich oft Filme im Kopf ab von dem Leben, das man bisher gelebt hat. Was würden Sie sagen, war Ihre größte Schwäche, weshalb sich Ihr Leben so entwickelt hat?

Das ist eine sehr gute Frage. Meine größte Schwäche war, glaube ich, zu denken, ich wäre auf dem richtigen Weg, und auch nicht auf Leute zu hören, die mir gesagt haben, dass es der falsche ist. Ich habe mich selbst für ziemlich schlau gehalten und dachte, ich habe Ahnung vom Leben, von meinem Leben, kenne meine Situation am besten und ich war da in manchen Punkten lange beratungsresistent. Heute, mit mehr Lebenserfahrung würde ich sagen, es ist immer wichtig, seine Entscheidungen nicht alleine zu treffen, sondern mit Menschen darüber zu reden, was aber auch nur geht, wenn man ein gutes Umfeld hat. Das gute Umfeld hatte ich damals auch nicht.

Deswegen ist eine Lehre, die ich daraus gezogen habe, Menschen nicht alleine zu lassen. Gerade Menschen in solchen wichtigen Entwicklungsphasen wie der Jugendzeit nicht alleine zu lassen und nicht alleine negativen Einflüssen zu überlassen. Denn falsche Freunde, die negativen Einfluss ausüben, sind sehr schnell da. Ich denke, es ist für uns alle wichtig, dass wir die Menschen um uns herum sehen. Wir alle sind in der Lage, einen guten Einfluss auf sie auszuüben und Leute in eine positive Richtung zu lenken oder auch vorzuleben, wie ein gutes Leben aussehen kann.

Sie sagen, Ihre größte Schwäche war zu wissen, dass Sie auf dem richtigen Weg sind. Heute wissen Sie wieder, dass Sie auf dem richtigen Weg sind. Was bewahrt uns und was bewahrt Sie davor, dass aus dem Paulus nicht wieder ein Saulus wird?

Das klingt vielleicht an manchen Punkten ähnlich. Ich habe damals Überzeugungen gehabt, ich habe heute Überzeugungen. Die Sache ist nur, damals hatte ich diese Überzeugung für mich alleine. Ich verstehe christlichen Glauben vor allem als Beziehungsgeschehen zwischen mir und Gott. Ich habe einen Gott, der mit mir spricht, mit dem ich spreche, und ich erlebe das immer wieder. Ich erlebe dabei auch immer wieder Korrektur. Wo Gott mich darauf aufmerksam macht, wo ich in meinem Denken, in meinem Handeln nicht richtig liege und mir wieder zeigt, was sein Wille ist, auch für mein Leben und mir hilft so zu leben. Das war früher in meiner Ideologie nicht so.

Die Sache ist auch, ich habe früher meine Sicht auf die Welt gehabt. Natürlich habe ich auch heute eine individuelle Sicht, aber ich lerne auch, die Welt mit Gottes Augen zu sehen. Das ist ein ganz anderer Blick, denn aus meiner eigenen Sicht gibt es Menschen, die ich nicht mag, so wie es damals auch Menschen gab, die ich nicht mochte. Aber aus Gottes Sicht gibt es diese Menschen nicht. Es gibt nur geliebte Menschen, deren Leben Gott wollte und die Gott auch mit Sachen, mit Eigenschaften gesegnet hat. Diesen Blick immer wieder für Mitmenschen zu bekommen verhindert, dass ich nochmal solche Sachen mache, wie ich früher gemacht habe. Denn ich sehe schon auch noch Dinge, die mir nicht gefallen, aber ich sehe Gottes Liebe für diese Menschen und ich kann diese Liebe auch selbst empfinden.

Multimillionär findet wahren Reichtum

Josef Müller

Josef Müller kennt Sex, Drogen, wilde Partys, Mafiakontakte und jede Menge Kohle. Die Lebensbeichte des Millionenbetrügers Josef Müller berührt Tausende. Die Presse schreibt über ihn: „Die Münchner Schickeria kannte ihn nur als den Konsul von Panama. Dies ist die verrückte Geschichte eines Mannes, der es im Rollstuhl zum Multimillionär brachte. In seiner grenzenlosen Gier nach Reichtum wurde Müller zum Geldwäscher der amerikanischen Drogenmafia, das FBI jagte ihn rund um den Erdball. Den wahren Reichtum fand er erst, als er alles verloren hatte."

Warum eigentlich „ziemlich bester Schurke"[1]? Woher kommt die Bescheidenheit?

Das liegt sicherlich daran, dass man den Schurken gesellschaftsfähiger machen wollte. Ich wollte nie Schurke sein. Ich hatte mir ja nicht vorgenommen, jetzt Leute auszunehmen oder jemandem zu schaden. Es ist vielleicht auch in Anlehnung an den Filmtitel „Ziemlich beste Freunde", da hat sich das „ziemlich" vielleicht ein bisschen in diesen Titel reingeschmuggelt.

---

1 Josef Müller: „Ziemlich bester Schurke".
Erschienen bei fontis (Buch 204026; ISBN 978-3-03848-026-6)

Sie wollten nie Schurke sein und trotzdem zieht sich die Gier in Ihrem Leben wie ein roter Faden durch. Ist da in der Erziehung irgendwie was falsch gelaufen? Wurde Ihnen die Gier schon in die Wiege gelegt?

Eigentlich gerade nicht, denn mein Vater war Kriminalkommissar. Der war bei der Polizei und wenn ich meine Geschichte erzähle, ist das natürlich eine Sache, bei der die Leute schmunzeln. Meine Mutter war OP-Schwester, ich war der einzige Sohn. Ich habe eine katholische Erziehung genossen, aber dann hatte ich einen Autounfall, vielleicht kommen wir später noch darauf. Dann hatte ich damals die Möglichkeit, ich sage mal durch Fleiß und Ehrgeiz, eine Steuerkanzlei aufzubauen und dann noch eine und noch eine. Ich hatte dann vier Kanzleien und 50 Mitarbeiter. Und hätte eigentlich zufrieden sein können. Doch dann packte mich etwas, das ich nie kannte. Nämlich die Gier. Es gibt so einen Satz: „Gier frisst Hirn." Und der könnte fast von mir sein. Denn plötzlich beflügelte es mich, immer mehr zu haben, immer mehr zu wollen. Die Gier, das ist nicht nur ein Name, sondern die bewegt einen richtig. Und diesem „Ding" bin ich auf den Leim gegangen. Das war mein Fehler. Deshalb bin ich später dann auch von dem geraden Weg abgebogen auf den schiefen und sogar kriminellen Weg.

Bleiben wir mal kurz am Anfang Ihrer Biografie. Dieser Autounfall mit 17, der Sie dann an den Rollstuhl fesselt. Sie haben damals Gas gegeben, waren mit Ihrer großen Liebe unterwegs. Würden Sie das heute nochmal machen oder würden Sie alles vermeiden wollen, um nicht an den Rollstuhl gefesselt zu sein?

Erstens einmal würde man, wenn man das Leben selber lebt, die Fehler genauso wieder machen, weil es ja irgendwo in einem drin ist. Ich konnte mit 16 Jahren mit einer Sondergenehmigung schon den Führerschein machen, weil ich meinem Vater helfen musste, der nach einem Herzinfarkt noch beruflich als Handelsvertreter tätig war. Ich bin dann eines Abends von einer Diskothek nach Hause gefahren mit einem Mädchen und hatte einen Sekundenschlaf. Mangels Fahrpraxis habe ich das Fahrzeug dann nicht mehr beherrscht. Es hat sich überschlagen und ist dann in den Wald hineingefahren, eigentlich mehr geschossen. Da hatte ich dann die Rückenmarksverletzung her. Das war der Grund, warum ich dann plötzlich im Rollstuhl saß. Ein paar Wochen später wachte ich auf und der Professor kam zu mir ins Zimmer, damals gab es noch keine psychologische Rehabilitation, und sagte: „Herr Müller, Sie hatten einen Autounfall. Sie sitzen jetzt Zeit Ihres Lebens im Rollstuhl. Ich wünsche Ihnen einen wunderschönen Tag. Auf Wiedersehen." Boah, mit 17 Jahren bekommst du das einfach wie so einen kalten Lappen ins Gesicht. Und da dachte ich mir: „Kannst du das ändern, was bis jetzt passiert ist?" Es ist ja ein wissenschaftliches Problem, dass man Nervenbahnen nicht flicken kann, und ich konnte diese Tatsache nicht ändern. Selbst heute kann man das noch nicht. Also dachte ich mir: Die Zukunft kannst du nur im Heute bestimmen. Ich kann eh nichts daran ändern, also mache ich das Beste daraus. Dann habe ich die Laufbahn eines Steuerberaters eingeschlagen. Und damit war ich sehr zufrieden.

Und Sie haben es weit gebracht. Obwohl Sie behindert sind und im Rollstuhl sitzen, hat man sich gerne mit Ihnen abgegeben, vor allem die Promis. Ich muss die Liste lesen: Zum Beispiel die Schwester von Michael Jackson, Gloria von Thurn und Taxis, die Al Gaddafi-Familie war dabei, Prinz Charles hat Sie immer wieder persönlich eingeladen, Roberto Blanco, Heiner Lauterbach und so weiter. Das war vermutlich der Himmel auf Erden, wenn sich um einen behinderten Menschen so viel gekümmert wird, vor allem durch so viele Promis?

Das sieht man vielleicht von der falschen Seite. Was heißt Promis, eigentlich sind das Menschen wie Sie und ich, sodass es im Grunde nichts Besonderes ist. Wenn man Geld hat, hat man Ansehen und fällt ein bisschen auf in der Münchner Gesellschaft, ich will mal das Wort Schickeria vermeiden, aber es ist nichts anderes. In der Gesellschaft fällt man auf, wenn man gut drauf ist, gerade im Rollstuhl, Geld hat, ein großes Auto mit Fahrer vielleicht. So kommt man halt auf Partys oder Gesellschaften, wo der und der da ist. Dann gibt es ein Gespräch und der sagt: „Ach, da kenne ich den und den." Und so kommt man von einem zum anderen. Dabei denkt man eigentlich nicht daran, dass man den ein oder anderen schon im Fernsehen gesehen hat. Das ist dann einfach ein Gespräch unter Menschen, genauso wie ich Sie schon ein paar Mal im Fernsehen gesehen habe und jetzt auch sagen könnte, ich bin hier mit einem Promi zusammen.

Aber Sie sind nicht nur in gute Gesellschaft geraten, sondern auch in schlechte Gesellschaft. Südamerikanische Drogen- und Waffenschieber. Für die sollten Sie Geld schmuggeln und waschen. Über 40 Millionen Dollar. Wie sind Sie denn mit denen in Kontakt gekommen?

Man darf die Dinge nicht vom Ergebnis her sehen. Wenn ich im Nachhinein gewusst hätte, dass ich hier etwas Kriminelles mache oder dass ich hier Menschen helfe, die aus kriminellem Geld weißes Geld waschen wollen, dann hätte ich es nie gemacht. Ich hatte jemanden kennengelernt, ein Sohn reicher Eltern aus Miami. Der sagte zu mir: „Ich würde das Erbe meiner Eltern, das ich vorweg ausgezahlt bekomme, gerne in Deutschland anlegen.“ Ich bin dann sogar rübergefahren, habe mir die Eltern angeschaut. Die hatten eine große Werft in Miami North. Und die sagten: „Ja, wir würden gerne unserem Sohn die Erbschaft auszahlen, allerdings wäre es in bar.“ Ich habe zuerst gedacht, ja gut, das ist ja nicht mein Problem. Aber dann sagten sie: „Wir hätten gerne, dass Sie sich des Problems des Geldtransports von Amerika nach Deutschland annehmen.“ Ich habe mich dann beim Amerikanischen Konsulat erkundigt, ob ich irgendwelche Gesetze breche. Ich durfte Geld ausführen und auch in Deutschland einführen. Nur die Art und Weise, mit einem Koffer mit so viel Geld, da ist mir dann der Gedanke gekommen, ob ich vielleicht etwas falsch mache. Um die Geschichte kurz zu Ende zu erzählen: Es hat sich dann herausgestellt, dass das alles nur Schauspieler waren, die mich eigentlich nur benutzt haben, um ihr Geld zu waschen, das sie mit Drogen- und Waffengeschäften verdient hatten und in Schnellbooten durch die Karibik transportiert hatten. Und das Geld war dann in Deutschland. Das war damals eine schlimme Erkenntnis.

Die Mafia erwischt Sie nicht, dafür die Leute vom FBI und die Polizei hier. Sie kommen ins Gefängnis für fünfeinhalb Jahre. Als Rollstuhlfahrer muss das ein Stück weit die Hölle für Sie gewesen sein, oder?

Ja, man könnte das denken. In anderen Bundesländern gibt es das öfters, aber für Bayern war ich der erste Querschnittgelähmte im Gefängnis. Die mussten mich halten, denn ich war ja auf der Flucht, und ich habe gesagt: „Wenn ihr mir nichts vorbereitet habt, bin ich ja haftunfähig." Aber sie sagten: „Nein, wir bauen Ihnen extra was." Und sie haben mir tatsächlich einen großen Haftraum, man kann das nicht Zelle nennen, umgebaut. Das war früher ein Arztzimmer. Dort musste ich genau fünf Jahre und vier Monate verbringen.

Allerdings hatte ich dort ein total großartiges Erlebnis, das diesen Gefängnisaufenthalt im Nachhinein für so wichtig in meinem Leben gemacht hat, dass ich mir gedacht habe, das kann man einem Dritten gar nicht erzählen. Es war eigentlich die schönste Zeit in meinem Leben, denn das, was rauskam, ist eben das Wichtige an der Geschichte und das war es mir wert.

Auf der anderen Seite möchte ich noch hinzufügen: Wissen Sie, wenn man was Falsches gemacht hat, dann muss eine gewisse Buße her. Es gehört nicht nur Reue dazu, sondern auch etwas, ich sage mal wortwörtlich, was weh tut. Dieser Freiheitsentzug hat mir natürlich auch wehgetan. Menschen nicht zu sehen. Im Gefängnis ist nicht der Freiheitsentzug an sich das Schlimme, daran gewöhnt man sich schnell, man ist ja auch unter Menschen, wenn auch anderen als gewöhnlich. Das Schlimme ist dort, dass man menschlich degradiert wird. Das heißt, dass man manchmal, ich sage das jetzt, ohne jemand Bestimmtes treffen zu wollen, zum Fußabtreter für irgendeinen 20jährigen Justizvollzugsbeamten wird, der schlecht drauf ist. Und man bekommt das dann ab. Das tut eigentlich mehr weh als der Freiheitsentzug. Es gibt dort keine abgestufte Behandlung zwischen Wirtschaftsverbrechern, Junkies und Mördern. Das hat mir aber geholfen, von meinem hohen Ross herunterzukommen und das war auch ganz gut, weil ich schon ziemlich arrogant und hochnäsig war.

Als Sie ins Gefängnis gekommen sind, war Ihr Credo, Ihr Glaubensbekenntnis „reich, reicher, am reichsten". Als Sie rausgekommen sind, wie lautete Ihr neues Glaubensbekenntnis?

Mein Glaubensbekenntnis lautet wie folgt: Gott hat einen Lebensplan für mich. Der Lebensplan ist so, dass er einem immer nachläuft. Und irgendwann, wenn du ihm die Chance gibst, dass er mit dir Kontakt aufnimmt, dass er dir das zeigt, dass er in dein Leben spricht, dann dreht sich das ganze Leben. In dem Moment, als Jesus in mein Leben getreten ist, da hat sich meine Welt verkehrt, unten ist nun oben und oben ist unten. Alles hat sich verändert und zwar manchmal ohne mein Zutun. Ich habe eine neue Lebensqualität, eine innere Freiheit. Ich sage immer:

„Innere Freiheit habe ich im Gefängnis gefunden." So irre das ist, aber es geht um eine ganz andere Freiheit. Die Liebe, die ich früher nie gekannt habe, weil ich mich ja nur durch meinen Lebensstil, durch meine Jachten, meine Autos, durch den Luxus definiert habe. Aber Gott liebt mich, so wie ich bin, innerlich. Egal, ob ich was habe oder nicht. Und das ist das Schöne. Geliebt zu werden. Das kann mir niemand mehr nehmen. Und darum bin ich heute glücklich in meinem Leben. Das konnten Luxus und Geld mir nicht bieten in meinem Leben, obwohl ich diesen Dingen bis in mein 50. Lebensjahr nachgelaufen bin und dachte, das wäre das Richtige. Deshalb bin ich heute glücklich. Dazu gehört auch, dass ich jetzt zufrieden bin. Denn zufrieden zu sein ist eine Entscheidung, wenn man darauf wartet, wird man nie zufrieden. Ich habe entschieden, dass ich alles zum Leben habe. Was will man mehr?

Wir könnten noch stundenlang weiterreden. Mehr kann man lesen in Ihrem Buch „Ziemlich bester Schurke". Ich muss bekennen, ich habe es an einem Abend durchgelesen, es ist sehr fesselnd, trotzdem werden sich viele fragen, warum heißt es denn jetzt „Ziemlich bester Schurke"? Ist er doch innerlich ein Schurke geblieben, eben ein frommer Schurke? Sitzt ihm immer noch der Schalk im Nacken oder die Gier irgendwo verborgen? Kommt die irgendwann mal wieder? Kann man Sie mit Millionen wieder fangen oder ist gar nichts mehr von dem Schurken in ihm?

Ich sage es mal einfach anders herum. Wenn Sie Gott oder Jesus begegnet sind, wie ich das erlebt habe, dann verschieben sich die Lebenswerte. Sie verschieben sich so komplett, dass mich heute, und ich habe ja alles gehabt, nichts mehr reizen kann, was mit monetären Mitteln, mit Geldmitteln, zu kaufen ist. Glauben Sie mir eines: Luxus und Partys bei den Schönen und Reichen, bei denen ich verkehrt bin, da wird genauso gezogen, betrogen, manchmal sogar noch mehr als bei den normalen Menschen. Ich sehe heute einen anderen Sinn in meinem Leben und deswegen interessieren mich die Ziele von damals, der Luxus und das ganze Drumherum, nicht mehr, weil es mich vom Höchsten wegzieht. Und das ist das Schöne, dass ich heute eine andere Identität habe. Wenn man mir ab und zu die Frage stellt, welches Sternzeichen ich bin, dann antworte ich: „Ich bin ein Schaf, gehalten vom Hirten." Und das ist das Schöne heute. Ich habe meine Identität bei Gott gefunden.

Eine große deutsche Filmproduktion hat den Vertrag unterschrieben, dass es in den nächsten 2-3 Jahren einen Kinofilm mit der Geschichte „Ziemlich bester Schurke" geben wird. Das ist allein Gottes Plan.

Alles außer Mikado – Diagnose Parkinson

Jürgen Mette

Jürgen Mette ist gelernter Zimmermann, studierte in Marburg und den USA Theologie und war lange Jahre Vorsitzender der Stiftung Marburger Medien. Er ist verheiratet und hat drei erwachsene Söhne. Als Jürgen Mette während eines Fernsehdrehs mehrfach von einem unkontrollierten Zittern überfallen wird, ahnt er, dass mehr als Kälte und Erschöpfung dahinter steckt. Eine Reihe ärztlicher Untersuchungen bringt schließlich die erschreckende Gewissheit: Parkinson ist in sein Leben getreten. Ein Leben, das bis dahin bestimmt war von Energie, Lebensfreude und einem vollen Terminkalender, wird nun von der schweren Krankheit beeinflusst. Darüber wollen wir miteinander reden.

Wie sieht Ihr Terminkalender denn jetzt konkret aus? Wirklich anders als noch vor ein paar Jahren?

Eigentlich nicht, er ist gut gefüllt und das ist gut für mich, dass ich gefordert bin, dass ich Gelegenheiten habe zu berichten, zu predigen, zu lehren, Vorträge zu halten. Also erst gar nicht auf die Idee zu kommen, mich zurückzuziehen.

Bringt das gesundheitlich Vorteile, wenn man auf andere Gedanken kommt oder geht es mehr darum, sich abzulenken?

Es ist zunächst mal keine Ablenkung, es ist eine Berufung. Es ist ja eine Lebensberufung, zu predigen und zu unterrichten. Die Krankheit unterläuft das zwar und macht den Predigtdienst und den Kanzeldienst durch diesen ständigen Tremor, der mich quält, mühsamer. Aber das ändert nichts an meiner Berufung und ich bin fröhlich unterwegs mit dem Evangelium.

Parkinson ist nun keine Erkrankung wie eine Blinddarmentzündung, die plötzlich kommt und dann wieder geht. Wie wirkt sich diese Krankheit konkret bei Ihnen aus?

So wie jetzt hier [hat im Interview einen Moment mit starkem Tremor und zittert sehr].

Das nennt man Tremor. Starkes Zittern.

Ja, das ist unterschiedlich und abhängig von der Tagesstimmung, das hat mit der Temperatur zu tun, mit innerem Stress. Wenn ich vorher Terminstress gehabt habe, dann legt sich das gleich auf die Muskeln. Wenn ich aus der Stille komme, aus der Ruhe, dann ist der Tremor relativ niedrig oder manchmal ganz weg. Es ist für mich manchmal überraschend, wenn ich vorne auf der Bühne stehe und einen Vortrag halte, und der Tremor komplett weg ist. Jetzt tobt er sich gerade ein bisschen aus.

Schämt man sich dafür, wenn man plötzlich zitternd durch die Welt läuft? Vorher gutaussehend, stark und überall erfolgreich?

Ja, das ist schon eine Demütigung, dass man so hinfällig wird mit dieser Krankheit. Ich habe das neulich mal konkret erlebt. Da wollte ich in Marburg über die Straße gehen und habe auf der Mitte der Straße so eine Blockade bekommen, ein sogenanntes „Freezing", da friert der Körper regelrecht ein und ich komme nicht vom Fleck. Da kommt ein Autofahrer vorbei, kurbelt die Scheibe runter und ruft: „Hey Alter, geht's noch langsamer?"

Boah!

Das hat mich so verletzt, weil ich eigentlich ein agiler Typ bin, der nun mit dieser Krankheit geplagt ist. Ich dachte, ich gehe diesem Typen mal ein paar Meter hinterher, ich wusste, wo er wohnt. Ich merkte, zwei, vier Häuser weiter parkte er. Und dann bin ich zu ihm gegangen und habe gesagt: „Hören Sie, ich würde sehr gerne schneller über die Straße gehen, aber ich habe Parkinson. Das ist eine sehr, sehr doofe Krankheit."

„Ja, dann hätten Sie ja auf dem Bürgersteig gehen können." Also er hat noch eins drauf gepackt. Da bin ich sehr verletzt gewesen. Dann bin ich zum Auto gegangen und habe das Buch „Alles außer Mikado"[1] genommen, habe es ihm gewidmet und habe es ihm gebracht. Jetzt werde ich ihn demnächst mal anrufen und ihn fragen, wie es ihm bekommen ist. Man hat

1 Jürgen Mette „Alles außer Mikado".
Erschienen bei Gerth Medien (Buch 816762; 978-3-86591-762-1)

viele Gelegenheiten, die Menschen in die Pflicht zu nehmen und zu sagen: „Freu dich des Lebens, wenn du keine Behinderung hast."

Wie ist es denn mit den Menschen, mit denen Sie intensiv zusammen sind? Ihre Familie, Ihre Freunde, Ihre Arbeitskollegen. Wie reagieren die in der Zwischenzeit darauf?

Die reagieren alle total gelassen und locker darauf. Da gibt es keine peinlichen Situationen. Auch auf dem Weg hierher im Zug. Die Leute sind hilfsbereit, wenn sie merken, dass man nicht so schnell in den Mantel hineinkommt oder so. Das ist wirklich alles kein Problem. Und eine große Möglichkeit ist natürlich auch der Humor. Dass man den Menschen im richtigen Moment einen richtig guten Witz erzählen kann. Ich kenne manchen guten Parkinson-Witz und dann löst sich die peinliche Stimmung von ganz alleine auf.

Ich kenne keinen einzigen Parkinson-Witz.

Na, dann will ich Ihnen einen erzählen. Das darf aber nur ich erzählen, weil ich betroffen bin. Das darf kein anderer der Zuhörer erzählen. Was ist schlimmer? Demenz oder Parkinson? Die Antwort lautet: Lieber das Bier verkleckern als dauernd vergessen, wo der Kasten steht. Finde ich gut, ich finde den richtig gut.

[lacht] Ich auch, muss ich ehrlich sagen, aber was hat Ihnen die Kraft gegeben, den Humor zu behalten? Auch der Buchtitel „Alles außer Mikado", da kann man ja schon zwischen den Zeilen lesen, dass Humor immer noch im Raum steht. Aber was gibt einem Grund, immer noch humorvoll zu sein?

Das ist im Grund genommen die tiefe Geborgenheit im Glauben, die tiefe Gelassenheit, dass mein Leben nicht allein durch diese Muskelattacken bestimmt ist. Es gibt wesentlich bessere Tage, wo es mir richtig gut geht. Generell im Sommer geht es mir wesentlich besser, wenn die Temperaturen höher sind.

Ja, der Humor wird in diesem Buchtitel deutlich. Da kam mir nämlich mal einer quer. Der fragte mich vor einer Veranstaltung: „Kannst du denn im Stehen predigen?" Ich sagte: „Willst du mich auf der Bahre hereintragen? Dann sag es gleich." Sie meinten dann: „Wir haben nachher großes Gemeindemittagessen. Brauchst du denn eine Diät?" Ich erwiderte: „Sehe ich aus, als würde ich von einer Diät leben?" Dann sagte er noch etwas und da dachte ich mir: Mein lieber Freund, ich werde dir mal sagen, was noch geht. Und sagte ihm: „Es geht alles außer Mikado." Den Witz hat er gar nicht kapiert, das musste ich ihm erst erklären. Aber das bringt diesen Humor auf die Spitze, dass ich sage, es geht so vieles in meinem Leben, aber Mikado eben nicht. Obwohl, wenn ich das korrigieren darf: Mikado geht inzwischen wieder. Stellen Sie sich das vor: Es gibt ein überdimensionales, geriatrisches Mikadospiel mit übergroßen Stäben. Das habe ich geschenkt bekommen und Weihnachten sagte das Enkeltöchterchen: „Opa, komm, wir spielen Mikado." Und dann habe ich das mit diesen großen Stäben wirklich hinbekommen. Wenn die Krankheit weiter voranschreitet, werde ich dann irgendwann mit Baumstämmen spielen.

Wussten Sie das eigentlich vorher schon, dass diese Krankheit irgendwann bei Ihnen auftreten wird?

Ja, ich habe ein Kindheitserlebnis gehabt. Davon schreibe ich in dem Buch, dass mein Nachbar, ein lieber alter Bauersmann, immer in der Ecke gesessen hat und gezittert hat. Zwanzig Jahre lang, und ich bin immer zu ihm gegangen, habe ihn besucht, habe ihm eine Freude gemacht und mit ihm musiziert. Und als dieser Mann gestorben ist, da habe ich damals, ich war vielleicht fünf, sechs Jahre alt, vor dem Schlafengehen gebetet: „Lieber Gott, mach bitte, dass ich nie so eine doofe Zitterkrankheit bekomme." Und genau die habe ich bekommen. Ich habe also ein Leben lang damit gerechnet, dass ich diese Krankheit bekomme.

Wenn Sie heute beten, werfen Sie es dem lieben Gott manchmal vor, dass er Ihr Gebet so überhaupt nicht erhört hat?

Ich würde das ein bisschen weiter fassen. Ich habe mich theologisch natürlich mehrfach gehäutet. Ich habe früher viel über die Theodizee-Frage, über Hiob, über die Frage des Leides gepredigt, wie einer, der auf der Bühne steht, aber nicht in der Arena. Jetzt betrifft es mich selbst. Jetzt ist der Ernstfall des Glaubens für mich gekommen, wo ich mich bewähren muss. Ich muss jetzt unter Beweis stellen, dass ich keinen Schönwetter-Glauben habe, sondern einen, der mich wirklich tiefer trägt, und insofern bin ich auf dem Weg, das zu erfüllen, was mein Diagnostiker mir gesagt hat. Er hat gesagt: „Herr Mette, Sie müssen jetzt das, was Sie den Leuten über dreißig Jahre lang gepredigt haben, jetzt einfach mal selbst tun." Ich finde es eine starke Herausforderung, das zu tun. Es ist schwer zu sagen: Gut, ich war 57 Jahre lang kerngesund, ich habe nie Tabletten gebraucht, war sportlich agil, aktiv und jetzt fühle ich mich berufen, in eine etwas höhere Schule des Segens Gottes, wo ich nochmal eine Lektion absolvieren soll und da will ich mich nicht querstellen und auf schnelle Heilungserfolge zielen. Schön wäre das natürlich, aber ich bin fest davon überzeugt, dass Gott für mich eine besondere Art von Segnung in diese Krankheit hineingelegt hat.

Feiern Sie Ostern anders als früher, jetzt, wo es um Tod und Auferstehung geht?

Nein, eigentlich nicht. Die Kar- und Passionszeit habe ich schon immer sehr intensiv erlebt. Und zwar immer mit einem Bach-Oratorium, wie der Johannespassion oder Matthäuspassion. Diese Lieder, diese Stücke, diese Oratorien waren es auch, die mich in der tiefsten Zeit der Krise getröstet haben. Ich habe ja auch direkt nach der Diagnose eine Art Schwermutsphase gehabt und da waren es die kostbaren Bachwerke und die Texte von Paul Gerhardt, die mich enorm getröstet haben. So wie wir die Weihnachtszeit, die Adventszeit zelebrieren, so zelebrieren wir, meine Frau und ich und die Kinder, als sie noch zu Hause waren, eben auch die Passionszeit, den Osterjubel. Natürlich liegt darin jede Menge Hoffnung und Zuversicht für mich, dass dieser klapprige Leib eines Tages unversehrt auferstehen wird. Das ist ja eine enorme Hoffnung.

Jetzt bin ich mal gespannt. Sie sind Theologe. Sie sind vom Leben und dem Schicksal gezeichnet. Wenn ich Sie jetzt bitte, eine kurze Predigt zu halten, innerhalb von einer halben Minute, sprich mit drei bis vier Sätzen, eine Osterbotschaft zu formulieren. Ich mir sicher, das wird keine Floskel, sondern etwas, was man so noch nie gehört hat. Darf ich Sie darum bitten?

Gut, ich bin besonders beeindruckt von den Jüngern, wie sie sich verbarrikadiert haben, wie sie dachten, jetzt ist alles vorbei, jetzt geht alles den Berg runter, jetzt geht nichts mehr. Und als Jesus auferstanden in ihre Mitte tritt und sich zu erkennen gibt, da fliegen ihnen die ganzen Zweifel, die ganzen theologischen Zweifel, die ganze Enttäuschung in einem Moment um die Ohren und sie sehen Jesus und nur ihn. Das ist für mich Ostern, dass ich herausgelöst werde aus dem Gefängnis meiner Zweifel, meines Selbstmitleids, meiner Selbstklage und auch dieser ständigen Frage, warum hat es mich erwischt? In der Osterbotschaft löst sich diese Frage, warum es mich erwischt hat, völlig auf. Und im Grund genommen stelle ich diese Frage nicht mehr. Die Frage „Warum habe ich Parkinson" stelle ich nicht mehr. Die ist im Osterevangelium aufgelöst. Und die Frage „Wozu habe ich Parkinson" ist genauso im Osterevangelium aufgelöst. Ich brauche diese Frage nicht mehr, weil es keinen gibt, der sie mir beantwortet.

Ganz herzlichen Dank. Ich glaube, das war auch eine Botschaft an Menschen, die an Parkinson erkrankt sind.

Gottvertrauen in der Firmenkrise

Karl Schock

Karl Schock, schwäbischer Vorzeigeunternehmer aus Leidenschaft. Aber im Jahr 2001 rutschte er in eine tiefe Krise, denn das von ihm bis dahin geführte traditionsreiche Familienunternehmen, die Schock GmbH, ging nach 77 Jahren in fremde Hände über. Ihm wurde es dabei angst und bange.

Sagen Sie, wenn einem schwäbischen Vorzeigeunternehmer, einem Manager und einem Macher alles entgleitet, alles zusammenbricht, was denkt der in so einem Moment?

Nun, da kommt man ganz schön in eine Lebenskrise hinein. Das erste ist, man denkt, man hat versagt, man ist nichts mehr wert. Und das kann sehr schmerzhaft sein.

Wenn ich das richtig in Erinnerung habe, waren Sie ja eigentlich aus der aktiven Führung des Unternehmens schon draußen, als das alles passiert ist. Oder?

Ja, ich war schon zwei Jahre in Pension mit 65 und die nächste Generation hatte schon übernommen, aber ich ging dann nochmal hinein, um den Banken zu zeigen, dass wir voll hinter unseren Verpflichtungen stehen. Es hat sich dann aber immer mehr gezeigt, dass man diesen Karren, der sich auf abschüssiger Straße befand, nicht mehr retten konnte. Und so waren wir eigentlich sehr dankbar, als eine Investmentgruppe kam und das ganze stolze Unternehmen für einen Euro übernahm.

Bevor die Dankbarkeit kam, müssen irgendwelche anderen Gefühle da gewesen sein. Sprich, wenn Söhne und Nachkommen ein Unternehmen übernehmen, das bis dahin erfolgreich war und dann gegen die Wand fährt, wie sieht es da aus mit dem Familienfrieden?

Nun, wir Senioren, mein Bruder und ich, waren ja auch im Aufsichtsrat und hatten die Entschlüsse, die letztendlich eine Überhitzung gaben, im Unternehmen mitbeschlossen. Insofern konnten wir nicht sagen: „Ihr Jungen, ihr habt den ganzen Mist gebaut." Aber trotzdem dürfen wir, Gott sei Lob und Dank, sagen, dass der Familienfrieden auch durch diese Krise erhalten blieb, wofür ich sehr, sehr dankbar bin und war.

Was würden Sie sagen, hat den Familienfrieden bewahrt? Beziehungsweise, was hat Ihnen aus heutiger Sicht in der Krise am meisten geholfen?

Ich würde sagen, es ist der Segen der Väter, die immer auf Einheit und Frieden gesetzt haben. Wir waren ja, was man ein christliches Unternehmen nennt, und sind christlichen Werten gefolgt. Aber es nützt in der Geschäftskrise manchmal auch nicht, dass man solche ethischen Werte hat. Denn im Wirtschaftsleben ist nicht immer der Frömmste erfolgreich, sondern der Tüchtigste, der am Markt am tüchtigsten und ein guter Manager ist.

Sie waren ja der Tüchtigste. Haben Sie das dann irgendwie als Strafe Gottes empfunden, was da passiert ist?

Ja, das sind genau diese Krisen, die man dann durchmacht. Ich lebte zusammen mit meiner Familie, war sechs Monate lang in Gefahr, auf Sozialhilfe abzusinken, nach einem Leben voller wirtschaftlichem Erfolg. Das stürzt einen in eine riesige Krise des Lebens, man verliert seine Identität und fragt sich: „Warum das?“ Es waren die ganz existenziellen Fragen.

Wenn man seine Identität verliert, war sie denn dann vorher echt oder hat man sich vorher lange Zeit etwas in die Tasche gelogen?

Wie sagt der Dichter? „Sitzt ein König stolz im Glücke, wenig gilt ihm der Prophet.“ Wenn man ein Leben lang eigentlich immer nur auf der Vorfahrtstraße fuhr, und jetzt kommt eine Klippe, eine Krise, dann verliert man sein Selbstvertrauen. Man verliert auch in gewisser Weise den Glauben an sich, und man fragt sich, als christlicher Unternehmer, wo bleibt jetzt Gott, der versprochen hat: „Ich will dich segnen.“ Wo ist der Segen? Das waren existenzielle Fragen.

Hat er sich denn dann irgendwie gerechtfertigt? Hat er sich entschuldigt bei Ihnen? Wie hat sich Gott in der Krise gezeigt?

Ich durchlief damals eine starke Selbsterforschungsphase, wie man sich denken kann. Ein Freund gab mir ein Buch von Chris Thurman in die Hand: Lügen, die wir glauben. Dieses Buch hat mir gezeigt, dass meine innere Krise – und die drückte sich auch in körperlichen Problemen aus, Schlaflosigkeit, Herzflimmern und so weiter – eigentlich von falschen Denkhaltungen herrührt, die man sich im Leben so angewöhnt hat, nämlich: „Man muss erfolgreich sein, um vor den Menschen etwas zu gelten. Man muss etwas leisten, damit man geachtet wird." Und so weiter. Das erkannte ich auf einmal als nicht tragfähige Lebenslügen.

Aber Sie waren doch vermutlich Zeit Ihres Lebens Christ und hatten trotzdem so viele Lebenslügen in der Tasche?

Ja, das merkt man eigentlich erst, wenn Krisen ins Leben treten. Da merkt man, ob die bisherige Denkhaltung tragfähig war, denn jeder Mensch hat ja seine Krisen. Krankheit, Eheprobleme, geschäftliche, persönliche Krisen. In solchen Zeiten, das ist ja auch das Positive der Krise, da erkennt man, dass man nicht ganz tragfähige Einstellungen zum Leben besitzt.

Nochmal zu Ihnen, das heißt, Sätze wie „Hast du was, bist du was. Kannst du was, bist du was. Du musst was leisten, um bei den Menschen gut da zu stehen" – das hat nicht getragen. Das ist zusammengefallen. In sich zusammengestürzt.

Ja, das liest man ja als Reklame der Banken: „Hast du was, dann bist du was." Das wird dann zu einer Lebensüberzeugung, und auf einmal hast du eben nichts mehr und dann bricht dieses Fundament weg.

Das hört sich sehr glaubwürdig an, vor allem, wenn man von einem Investor dann einen Euro bekommt für ein Lebenswerk. Was hat Sie denn in dem Moment oder danach aufgefangen und getragen?

In der Phase kurz vorher war ja total ungewiss, ob es in die Insolvenz ging. Dann hätte ich buchstäblich alles verloren, auch noch das private Vermögen. Diese Phase vorher war bestimmt von dieser Erkenntnis, dieser Angst, jetzt brauche ich eine neue Identität und ich muss loslassen.

Das Loslassen von Vermögen, das Loslassen von öffentlicher Anerkennung, jetzt auf einmal auf der Straße nicht mehr der erfolgreiche Unternehmer zu sein, dieses Loslassen ging noch einige Wochen, bevor dann der Befreiungsschlag kam. Das war die eigentliche Feuertaufe, die ich durchleben musste. Deshalb waren mir im Nachhinein diese Tage auch so kostbar, obwohl ich sie nicht nochmal erleben möchte. Sie waren für die weitere Findung einer neuen Lebensgrundlage sehr wichtig.

Sagen Sie uns doch was zu dieser neuen Lebensgrundlage.

Die Lebenslügen treten erst zutage, wenn man auf der anderen Seite statt Lüge die Wahrheit sieht. Und für mich als langjähriger Christ ist die Wahrheit das Wort Gottes. Das Wort Gottes sagt eben sehr oft das Gegenteil von dem, was wir glauben und leben. Ich habe durch die Erkenntnis meiner Lebenslügen die Wahrheit der Bibel wieder ganz neu entdeckt. Wenn die Bibel zum Beispiel sagt, man kann nicht Gott und dem Mammon gleichzeitig dienen, dann hat mich während dieser Krise Gott mit der Brechstange von diesem Mammondenken befreit. Ich bin näher zu Gott gekommen, ich bin stabiler geworden in meinem Glauben, der mich dann durch diese Krise hindurch brachte, und natürlich meine ganze Familie mit. Was mir während dieser Zeit noch sehr geholfen hat, war die Gemeinde, die hinter einem stand, die für einen gebetet hat, Freunde, die hinter einem standen. Ich habe eigentlich sehr viel Teilnahme erlebt, das hat mir sehr viel geholfen. Und meine Frau und Familie natürlich.

Im Schwabenland gab es einen Unternehmer, der sich nach so einer Krise vor den Zug geworfen hat. Was hat Sie denn am Leben gehalten?

Wenn ich an diesen Unternehmer denke, ich hätte ihm helfen können. Ich hätte ihm das sagen können, was ich durchlebt habe, dann würde er heute noch leben. Das hat mich so tief berührt. Ich hatte einen Nachbarn, der hat sich vor Jahren eine Kugel in den Kopf geschossen. Das war für mich keine Alternative. Dazu bin ich zu lange christusgläubig, aber trotzdem fällt eben der Fromme auch in solche Löcher. Das ist dann wieder das Prinzip Krise ist gleich Chance, wodurch man auf eine neue Ebene des Denkens, des Glaubens kommt.

Wenn Sie jetzt zurückdenken, fühlen Sie sich an irgendeinem Punkt auch heute noch als Versager?

Grundsätzlich schätze ich mich, meine Fähigkeiten, meine Persönlichkeit heute nicht mehr so hoch ein wie früher. Und ich darf jeden Tag sagen, ich lebe aus deiner Gnade und nicht aus meiner Leistung oder aus meiner Gerechtigkeit. Die Gnade ist mir viel, viel größer und wertvoller geworden, und insofern habe ich eine Befreiung erlebt.

Kampfsportler und Versöhnungsbotschafter

Michael Stahl

„In der Schule gemobbt, vom alkoholsüchtigen Vater gedemütigt und geschlagen, erkämpft sich Michael Stahl als junger Mann eine Karriere als Star-Bodyguard. Doch die quälende Wunde im Herzen bleibt. Schließlich macht er sich auf den Weg, um Versöhnung und den Gott zu finden, der ihm als Kind auf den Bahngleisen das Leben gerettet hat." (Zitat aus Michael Stahls Buch).

Wie ging es weiter, Herr Stahl?

Es war so, dass ich einiges an Ablehnung erfahren habe von meinem Vater: „Du bist nichts, du kannst nichts." Es gab einen Moment an meinem Geburtstag, da habe ich meinen Vater gefragt: „Was bekomme ich zum Geburtstag?" Und dann hat er mir ins Gesicht gespuckt. Es war für mich so eine Trostlosigkeit, so eine Hoffnungslosigkeit da, und ich bin dann irgendwann mal auf so ein Bahngleis gegangen, das war ungefähr 100 Meter von dem Häuschen entfernt, wo wir gewohnt haben. Dort habe ich gesagt: „Gott, ich kann nicht mehr. Es wird sich heute nichts ändern, es wird sich morgen nichts ändern. Ich kann nicht mehr." Ich weiß jetzt nicht, wie ich das beschreiben soll. Ich bin sehr ärmlich und auch mit sehr viel Gewalt aufgewachsen. Auch in der Schule hatte ich viele Probleme, da ich meinen Wert nicht kannte. Ich konnte nirgends richtig Ruhe finden, weder zu Hause noch in der Schule. Und ich wusste, es wird sich nichts ändern. Ich bin gläubig, seit ich viereinhalb Jahre alt bin, und habe Jesus vertraut. Und da stand ich nun an diesem Bahngleis und habe gesagt: „Ich kann nicht mehr, weil ich weiß, es wird sich heute und morgen nichts verändern." Da habe ich irgendwo so eine innere Stimme gehört: „Ich habe dich lieb. Lebe weiter, ich habe was vor mit dir." Dieser Stimme habe ich vertraut, obwohl ich sehr oft daran gezweifelt habe, dass man was mit mir anfangen könnte, aber es ist eine spannende Geschichte daraus geworden.

Was ist denn genau daraus geworden? Man hat sie früher gesehen als Bodyguard von Mohammed Ali, auch bei anderen Größen der gesellschaftlichen Glitzerwelt. Sie sind heute noch erfolgreicher. Sie haben eine große Kampfsportschule, sind Fachlehrer in Sachen Selbstverteidigung, haben viele Bücher geschrieben, sogar schon einen Film gedreht. Das Leben ist heute ganz anders, also richtig erfolgreich, oder?

Ja, nur was ist erfolgreich? Bis vor elf Jahren war ich mit vielen Stars unterwegs, aber das hat meine Sehnsucht nicht gestillt. Ich arbeite mit tausenden Menschen in Schulen, in Kindergärten, in Heimen, mit Obdachlosen, mit Drogensüchtigen, und immer wieder darf ich in Augen schauen, wo diese Sehnsucht nicht gestillt wurde. Wenn ich Jungs heute frage: „Was würdest du am liebsten mit deinem Papa machen?", dann habe ich noch nie gehört: vor dem Computer rumsitzen oder Playstation spielen. Sondern sie wollen Baumhäuser bauen, fischen, klettern, am Lagerfeuer sitzen. Diese Dinge habe ich zum Beispiel mit meinem Sohn nicht gemacht. Ich war mit sämtlichen Stars unterwegs, aber die Dinge, nach denen sich mein Sohn gesehnt hat – und ich mich auch in meinem Innersten –, die habe ich nicht gemacht. Stattdessen habe ich Ruhm und Anerkennung im Schatten dieser Prominenten gesucht und in Wirklichkeit war ich ein armer, zerbrochener Kerl.

Von daher würde ich sagen, ich war nicht erfolgreich. Im Gegenteil, ein armer Kerl. Und ich mache das seit elf Jahren nicht mehr. Vor elf Jahren habe ich mich mit meinem Vater versöhnt, worauf wir vielleicht noch zu sprechen kommen. Ich habe ein völlig neues Leben angefangen. Ich bin auch zu meinem Sohn gegangen und habe ihn um Vergebung gebeten. Und auch, ich bin zum zweiten Mal verheiratet, mit der Mutter von Manuel. So habe ich total neue Beziehungen angefangen voller Liebe und Wertschätzung, aber es war auch immer die Bitte um Vergebung dabei.

Das ist letztendlich für mich Erfolg gewesen. Erfolg, wie ihn die Welt definiert, den hatte ich, aber er hat mich nicht glücklich gemacht.

Was hat Sie bewogen, sich damals mit dem Vater zu versöhnen, der Ihnen ins Gesicht gespuckt hat?

Ich denke, dass wir alle Sehnsucht nach Mama und Papa haben. Wir alle. Ich war fast 15 Jahre lang als Türsteher, als Securityguard, als Bodyguard unterwegs und es war schön, gebraucht zu werden. Ganz am Anfang, es war 1992/93, da hatte ich mal ein T-Shirt, da stand „Security" drauf. Ich glaube, ich bin immer vorne links gelaufen, damit man es lesen konnte. Darin hat sich doch schon die ganze Armseligkeit ausgedrückt und ist nach außen sichtbar geworden. Kampfsport habe ich gemacht, um letztlich eine Grenze zu setzen, um sicher zu sein. Im Prinzip habe ich mich nach Ruhe gesehnt. Ich habe zum Beispiel nie in meinem Leben großartig zugeschlagen, ich habe die Leute kontrolliert, ich habe sie festgehalten, mit ihnen gesprochen, aber ich habe sie nie geschlagen, weil das nicht meine Welt war.

Letztendlich war ich auf der Flucht vor meinem Vater. Ich habe ihn immer geliebt. Ich bin mit 18 Jahren ausgezogen und habe auch kurzzeitig auf der Straße gelebt, aber ich wollte meinen Vater immer verändern. So wie er war, war er verletzend, ich habe mich für ihn geschämt.

Dann habe ich ihm gesagt: „Hör auf zu saufen. Mach das so und so.“ Aber je mehr ich ihn aufgefordert habe, etwas sein zu lassen oder etwas zu ändern, desto schlimmer wurde es. Also er hat noch mehr getrunken, er wurde noch verletzender. Und vor elf Jahren war es dann so, ich bin nachts durch unsere Stadt gefahren und da habe ich ihn leicht angetrunken gesehen und in meinem Herzen war: „Der stirbt bald. Mach mal Frieden.“ Ich ging dann nach Hause und habe mir Gedanken gemacht. Ich habe Sicherheitskonzepte für Veranstalter, für Firmen geschrieben. Aber ich konnte keinen Frieden mit meinem Vater machen. Wie armselig, ja? Ich erlebe das heute auch sehr oft in meinem Dienst. Auch wir Christen haben oft eine unfassbare Hemmschwelle, anderen unsere Liebe auszusprechen. Die Geschwister im Glauben, die drückt man am Sonntag, Bussi links, Bussi rechts, und bei den eigenen Geschwistern, da ist oft Schweigen da. Man hat manchmal Probleme, seinen eigenen

Kindern oder Eltern zu sagen, dass man sie lieb hat, weil man sich doof vorkommt.

Ich habe dann zu Gott gesagt: „Ich möchte Frieden haben, aber ich hab keine Ahnung, wie." Und ein paar Nächte darauf habe ich geträumt, mein Vater wäre gestorben. Dann ging ich zu meinem Vater. Der lebte damals in einer Kneipe, Zimmer Nr. 5. Bevor ich da reinging, kam nochmal die ganze Anklageschrift gegen ihn auf, aber ich wusste, ich muss das tun. Ich ging dann rein und bat Gott mitzugehen. Ich habe meinem Papa nach 37 Jahren gesagt: „Du Papa, ich hab dich lieb. Bitte vergib mir." Mir war nämlich klar, wenn ich sagen würde „ich vergebe dir", dann bedeutet das, „du bist schuld an allem" und dann treibe ich ihn wieder weg. Mein Vater wurde still und schaute mich sekundenlang an. Dann fragte er mich: „Warum kommst denn du zu mir? Wieso bittest du um Vergebung?" Ich sagte: „Du hast mir nie gepasst. Ich hab mich geschämt für dich. Du kannst weiter trinken. Ich hab dich lieb, so wie du bist. Egal, was du davon machst oder nicht, ich hab dich lieb." Und an diesem Tag kam er zu mir und packte mich am rechten Oberarm. Das war seine Art der Umarmung. Mehr konnte er nicht geben. Dann hat er gesagt: „Ich hab dich immer lieb gehabt, aber ich konnte es dir nie zeigen." Von diesem Tag an wurde ich wirklich sein Sohn, wurde er mein Vater, wurden wir Freunde.

Respekt. Deshalb sieze ich Sie vielleicht auch die ganze Zeit, Michael.

Ich bin immer noch der Michael. [lacht]

Michael, dein Buch heißt „Kein Herz aus Stahl"[1]. Man nimmt dich aber eher als den Starken wahr. Auch hier auf dem Cover der DVD wirst du als Kämpfernatur beschrieben. Wie sieht es denn ganz innen drin aus? Du hast ja auch eine Kampfsportschule und so weiter. Wie passt das zusammen? Dieses Herz, das zum Papa geht, ihn um Vergebung bittet und auf der anderen Seite der Kampfsport?

Ich erlebe das ganz oft in meinem Dienst, dass ich gefragt werde, passt das zusammen? Ich versuche den Leuten zu erklären, was ich tun kann, um mich nicht zu schlagen. Was macht Mimik und Gestik aus? Weißt du überhaupt, dass du wertvoll bist? Wer macht dich denn wertvoll? Was bist du und was ist der andere? Welche Wertigkeit ist da? Zu mir kommen ganz viele Menschen, Mädchen, die sich ritzen, Jungs, die nicht gerne reden. Ich habe so viele Jungs, die in der Schule gemobbt, gequält werden und dann kommen die Eltern zu mir und sagen: „Ja, das ist durch Zufall irgendwie rausgekommen, der redet ja nicht." Dann frage ich die Väter: „Redest du denn? Hast du deinem Sohn schon erzählt, dass man dir auch wehgetan hat? Dass ein Mädel dich abgelehnt hat, dass man dich verlassen hat?" Und dann gucken mich neun von zehn Männern an und sagen: „Ja, ist das wichtig?" Natürlich!

Es kommen auch ganz viele Menschen mit Ängsten zu unserem Team. Im Team sind auch Psychologen, Sozialarbeiter, Polizeibeamte, denn ohne dieses tolle Netzwerk könnte ich das gar nicht. Und es kommen eben viele Menschen, die Angst haben. Aus meiner

---

1 Michael Stahl: „Kein Herz aus Stahl".
Erschienen im Brunnen Verlag (Buch 190957; 978-3-7655-0957-5)

Sicht entsteht Angst aus Unsicherheit, Unsicherheit kommt aus Verletzungen, Verletzungen entstehen aus Wunden. Wenn viel Angst da ist, dann ist da vielleicht auch ein Weg, der zur Versöhnung führt. Denn das führt uns wieder in eine Freiheit hinein und dabei versuche ich den Menschen zu helfen. Mir ist auch wichtig, dass sie sich einfach mal austoben, Spaß haben und sich wieder ein bisschen spüren, statt so viel vor der Glotze oder vorm Computer rumzuhängen.

Es ist spannend zu hören, wer alles zu dir kommt: Menschen, die sich ritzen, Drogenabhängige, Verbrecher, die ganze Szene. Und dann kriegen die so eine ganz andere Botschaft mit. Weshalb kommen die? Weil sie Kampfsport machen wollen oder weil sie wissen, da kommt so ein ganz besonderer Evangelist zu mir, der mein Leben verändern kann?

Ich trete nicht als Evangelist auf, ich nenne mich auch gar nicht so. Ich bin ganz normal evangelisch, bin ganz normal in der Landeskirche, bin evangelisch getauft, ich stehe zu meinem Glauben, aber was mir viel wichtiger ist, ist mit den Menschen zu leben. Ich denke mir manchmal auch, wenn du den Menschen zu viel von Gott und Jesus erzählst, dann treibst du sie vielleicht eher weg. Das wollen sie vielleicht gar nicht wissen. Aber was sie in unserem Haus bekommen, ist ein offenes Ohr, wir können auch trösten, ich kann mit den Leuten weinen, ich verstehe sie. Das heißt, wenn Kinder oder Erwachsene zu mir kommen und in der Schule oder am Arbeitsplatz gemobbt werden, dann verstehe ich sie. Ich habe das ja erlebt, und ich weiß auch, was der schlimmste Tag in der Woche für Menschen ist, die in der Schule gequält werden. Das ist nicht der Montag, das ist der Sonntag. Was wir schon an E-Mails bekommen haben von Eltern, dass am Sonntagabend ihr Kind leidet, das fängt meist am Sonntagnachmittag an. Ich habe das erlebt.

Meine Familie hatte vor acht Jahren einen grauenhaften Autounfall. Wenn also Menschen zu mir kommen und sagen, sie haben eine Katastrophe erlebt, dann kann ich sagen, ich kenne das. Oder wenn Leute zu mir sagen, ich hatte keine richtige Kindheit, keine richtige Jugend. Dann sage ich, auch das habe ich erlebt. Ich denke, dass sie in unserem Haus viele Menschen vorfinden, die Ähnliches durchhaben, und sie daher auch besser verstehen. Wir machen zum Beispiel jetzt wieder ein Tischkicker-Turnier, wir machen Grillabende, wir machen Ausflüge, wir versuchen, die Menschen mit ins Leben hineinzunehmen. Da kann es schon passieren, dass sie aufgrund dieser Handlungen spüren, hier ist was anders, da möchte ich mehr davon.

Michael, vielen Dank für das Gespräch!

Der königliche Prediger

Prinz Philip Kiril von Preußen

„Gott spielt in meinem Leben keine Rolle, er ist der Regisseur." Das steht als Motto auf der Facebook-Seite des Ur-Ur-Enkels des letzten deutschen Kaisers, Kaiser Wilhelm II. Gäbe es immer noch eine Monarchie, der 45-jährige wäre Anwärter auf den Thron. Doch weil seine Mutter bürgerlich ist, enterbte sein Großvater seinen Vater, Friedrich Wilhelm. Daher ist Philips Vetter Prinz Georg Friedrich heute Chef des Hauses Hohenzollern. Philip Kiril wuchs bürgerlich auf, studierte Jura, wurde Grundschullehrer und entschloss sich dann, Pfarrer zu werden. Er ist verheiratet und hat sechs Kinder.

Herr ... jetzt geht's schon los. Wie muss man eigentlich einen Prinzen richtig ansprechen?

Das kommt auf die Umstände an, würde ich sagen.

In einem Fernsehgottesdienst?

In einem Fernsehgottesdienst sagt man vielleicht Bruder von Preußen oder Pfarrer von Preußen. Bei einem höheren, protokollarischen Anlass würde man dann Prinz Philip Kiril sagen oder gar königliche Hoheit. Und wer ein eingefleischter Republikaner ist, der sagt einfach Herr Preußen, das ist mir dann auch recht.

Foto: picture alliance /ZB/dpa-Zentralbild/Karlheinz Schindler

Königliche Hoheit ...

Wäre nicht verkehrt.

Und würde Ihnen das schmeicheln, Sie ehren, oder wie wirkt so ein Titel auf Sie?

Ich merke dann, dass jemand ein Traditionsbewusstsein hat. Man kann ja manches per Dekret abschaffen, aber Herkunft und Geschichte kann man nicht einfach abschaffen.

Entscheidend ist für mich jedoch, was ich von mir innerlich als Realität kenne, und das ist, dass es vor Gott kein Ansehen der Person gibt. Vor ihm werden mal Arbeitslose, Mächtige und Ohnmächtige stehen und alle werden mit leeren Händen da stehen. So ähnlich wie der Kaiser damals nach Canossa gegangen ist, barfuß. Das ist die realistische und auch angemessene Binnensicht.

Trotzdem fühle ich mich sehr geehrt, dass Sie heute hier sind in unserem Fernsehgottesdienst.

Gerne.

Sie sind ja auch Pfarrer, also nicht nur königliche Hoheit, sondern auch Hochwürden. Wie muss man sich das vorstellen: Ein Prinz lebt doch normalerweise in einem Schloss oder in irgendwelchen Villen. Wie ist das bei einem Prinzen als Pfarrer?

Wir leben ganz normal bürgerlich in einem Haus, was erfreulicherweise ein bisschen mehr Platz hat für die Kinderschar. Aber diese klischeehaften Vorstellungen haben mir als Kind und Jugendlicher schon ziemlich zu schaffen gemacht, weil meine Mitschüler die auch hatten. Und wenn man denkt, naja, der muss in der Kutsche zur Schule gebracht werden oder wenigstens im Rolls Royce, und dann später wieder auf seinem herrschaftlichen Schloss den Nachmittag verleben, und das dann alles nicht so ist, dann schlägt das leicht um in Häme und in Hänseleien. Und das war ziemlich unangenehm.

Da muss ich nachfragen, wie war das für die Mitschüler, wenn der kleine Prinz neben ihnen saß? Vielleicht sogar mal eine Strafarbeit bekam?

Ja, es war ja nichts erkennbar vom kleinen Prinzen. Ich war ja ganz gewöhnlich. Und dann ist das eher eine Schwäche. Dann ist das auffällig, man wird als Mitschüler nicht dadurch eingeschüchtert, dass Reichtum dahinter steht, sondern denkt: Ah, der hat ja den Namen, aber sonst nichts. Der hat ja gar kein Geld. Naja ... und dann schlägt das um in Hänselei.

Irgendwann haben Sie doch sicherlich selbst realisiert, dass Prinzen normalerweise viel Geld haben und Schätze und viele Schlösser ...

Das meiste kennt man ja schon aus den Märchen, genau.

Was hat das mit Ihnen selbst gemacht, dass Sie darauf verzichten mussten?

Das hat mir nicht so viel ausgemacht, am Anfang. Nur diese Reaktion von den Mitschülern, das war sehr unangenehm. Später, als ich dann Jugendlicher war und mehr realisierte, dass es nicht nur dieser materielle Verlust war, sondern auch der ideelle Beziehungsverlust zu meiner väterlichen Familie, das ging schon mehr an die Nieren.

Aber als Sie realisiert haben, dass Ihr Vater enterbt worden ist, dass Sie heute eigentlich das Sagen hätten im Haus Hohenzollern, dass Sie Herr wären über viele, viele Millionen und sogar Anspruch auf den Thron hätten, wenn es die Monarchie gäbe – das muss doch was mit einem machen, wenn man auf so viel verzichten muss.

Ich habe einmal eine Situation in Berlin gehabt, da war so ein Empfang des damaligen Bundespräsidenten auf Schloss Bellevue und einer, der auch eingeladen war, fragte dann: „Philip, wie geht's dir denn hier so? Wie fühlst du dich jetzt hier im Schloss?" Um die Frage richtig zu verstehen, muss man wissen, dass Schloss Bellevue früher einmal zu unserem Familienbesitz gehörte. Ehrlich gesagt, das war nun nicht eine meiner Sternstunden und klar, rein menschlich ist da nach wie vor dieses Gefühl, erstmal wurde deiner Familie sehr, sehr viel weggenommen, und als man Wilhelm II. verjagt hatte, weiß man ja, wer ein paar Jahre später dann das Vakuum gefüllt hat, in unsäglicher Weise.

Also Ihnen als Familie ist viel weggenommen worden, und Ihnen auch nochmal persönlich, nur, weil Ihre Mutter bürgerlich ist?

Ja, das ist schmerzhaft, aber es ist nicht so, dass mich das in die Verbitterung triebe oder in die Verzweiflung, sondern die Tatsache, dass ich nicht so auf der Sonnenseite des Hochadels groß geworden bin, hat mich buchstäblich in die Arme dessen getrieben, der sagt: „Kommt her zu mir alle, die ihr mühselig und beladen sein. Ich will euch Ruhe geben, ich will euch erquicken." Also in Jesu Hände und letztendlich in die Hände meines himmlischen Vaters.

Das heißt, der Philip Prinz von Preußen ist irgendwann der Christ Philip Prinz von Preußen geworden.

Der Christ Philip Preußen. Wie gesagt, vor Gott gibt es ja nicht das Ansehen der Person.

Wie muss man sich so eine königliche Bekehrung vorstellen?

[lacht] Da setzt man seine Krone ab, schickt seine Diener raus, um dann Zwiesprache mit dem König aller Könige zu haben. Nein, ganz unspektakulär. Ich kam aus Amerika wieder, ich war ein Jahr als Austauschschüler in Amerika und dann hörte ich, dass einer meiner damaligen Klassenkameraden jetzt irgendwie völlig abgedreht sei. Der würde jetzt nur noch fromm daherreden und alle haben ihn innerlich eigentlich abgeschrieben. Das passte mir überhaupt nicht, weil ich in meiner Kindheit und Jugend ja selbst so unter Vorurteilen zu leiden hatte von den Mitschülern her, und deswegen bin ich auf ihn zugegangen. Außerdem war ich selber immer religiös und habe an Gott geglaubt, hatte daher auch nicht solche Hemmschwellen, was das Thema angeht. Wir haben Gespräche geführt und dann hat er mich zu einem evangelischen Bibelkreis eingeladen.

Was ich dort als erstes bemerkenswert fand, war, dass der nicht von Pfarrern geleitet wurde, sondern von Laien, einfach von engagierten Christen. Aber was mich noch mehr bewegt hat, in Wallung gebracht hat, das war, dass die neutestamentlichen Texte, die wir da lasen, mich persönlich angesprochen haben. Ich war vorher, wie das in den alten Bundesländern üblich war, durchaus normal christlich sozialisiert, evangelisch sozialisiert, kannte also diese Inhalte alle, aber es war mir nie bis ins Herz gedrungen. Und da habe ich zum ersten Mal verstanden, dass Jesus sich an mich wendet und sagt: „Philip, ich möchte dir Vergebung schenken und ewiges Leben, wenn du an mich glaubst, mir dein Leben anvertraust, mir deine Schuld bekennst. Und dann habe ich den Entschluss gefasst, dieses Angebot des Sohnes Gottes anzunehmen. Habe dann das erste Mal zu Jesus gebetet. Eine Krone musste ich nicht ablegen, hatte ich ja gar nicht auf, musste auch keine Diener rausschicken. Ich habe ihm das, was mir so bewusst war an Schuld, genannt, ihn um Vergebung gebeten und ihm mein Leben anvertraut. Dann passierte innerlich etwas, was sich schwer beschreiben lässt. Was Jesus selbst damals schon mit einer neuen Geburt bezeichnet hat. Da passierte was in der geistlichen Welt.

Dann fühle ich mich jetzt geehrt, auf gleicher Wellenlänge mit Ihnen zu sein. Denn laut Bibel sind wir beide gekrönt mit Gnade und Barmherzigkeit. Das ist schön.

Ja, das ist richtig.

Lieber Arm ab als arm dran

Rainer Schmidt

Rainer Schmidt hat mir sehr imponiert. Als ich ihn zum ersten Mal traf und begrüßen wollte, wusste ich nicht recht wie, denn er hat keine Unterarme. Er kam ohne Unterarme und Hände zur Welt. Gleichwohl hat er seine Behinderung zu seinem Lebensmotto gemacht: „Lieber Arm ab als arm dran". Und er hat es geschafft. Er hat bei den Paralympics mehrere Medaillen gewonnen und ist Europa- und Weltmeister im Tischtennis in der Startklasse 6. Rainer Schmidt spielt Vorhand und Rückhand ohne Hände.

Jetzt muss ich Sie doch mal, ich hoffe, ich trete Ihnen nicht zu nahe, Folgendes fragen: Wenn es Sie hinten am Rücken juckt, wie kratzen Sie sich dort?

Das ist eine meiner leichtesten Übungen. Entweder muss der Türpfosten herhalten oder es gibt im Raum jemand Interessanten, den ich gerne kennenlernen will, den frage ich dann einfach: „Würden Sie mich mal gerade kratzen?" Und zack bin ich im Gespräch.

Wie haben Sie sich heute die Krawatte gebunden?

Die ist bei mir immer gebunden, weil ich gesegnet bin mit einem Vater und einem Bruder, der ist sogar Bankkaufmann. Alle Krawatten werden immer gebunden, ich brauche also nur jemanden, der sie mal eben hochzieht und dann sitzt die Krawatte.

Sie wohnen eigentlich in Bonn und arbeiten dort auch als Pfarrer. Wie sind Sie hier nach Wilhelmsdorf auf den Höchsten gekommen? Mit dem Zug oder mit dem Auto?

Ja, ich bin mit dem Auto unterwegs, weil ich vorher noch in Herrenberg war und jetzt ein bisschen unterwegs bin von Station zu Station. Ich arbeite tatsächlich als Pfarrer am Pädagogisch-Theologischen Institut meiner Rheinischen Landeskirche und dort, für mich ideal, mit einer halben Stelle, sodass ich die andere Hälfte noch frei habe, um predigend, moderierend, als Kabarettist, hin und wieder als Tischtennisspieler, auf Veranstaltungen aufzutreten.

Und wie funktioniert Autofahren bei Ihnen?

Das ist relativ einfach. Der Wagen ist natürlich für mich umgebaut. Eine kleine Fernbedienung neben dem Fahrersitz, ein Schaft am Lenkrad, wo ich den Arm reinstecke und dann lenken kann, viel mehr ist eigentlich nicht zu machen. Automatikgetriebe, einmal Gang eingelegt und der Wagen fährt.

Faszinierend, wie Sie den Alltag meistern. Können Sie mir denn auch aus dem Urlaub eine Ansichtskarte schreiben? Können Sie schreiben?

Ja, ich werde immer wieder gefragt, ob ich denn schreiben kann oder wie ich schreibe. Dann antworte ich meistens: „Normalerweise mit dem Kugelschreiber oder einem normalen Stift.“ Dann beuge ich mich mal rüber und schreibe: „Herzliche Grüße, Rainer Schmidt".

Faszinierend.

Mich fasziniert das nicht mehr. Ich sage immer, ich habe lesen und schreiben gelernt wie jeder andere Mensch. Ich werde wegen der Behinderung, glaube ich, ganz oft unterschätzt. Die Menschen denken: So kurze Arme, mmh ja, der kann ja vermutlich gar nichts. Als Kind bin ich glücklicherweise so groß geworden, dass ich eine Aufgabe gesehen habe und es einfach probiert habe. Ich habe ganz natürlich nach Stiften gegriffen wie jedes Kind, habe angefangen zu malen, habe angefangen zu laufen. Vieles lernen wir Menschen ja schlichtweg dadurch, dass sich die Aufgaben stellen.

Kann man sich denn wirklich mit so einer Behinderung arrangieren? Klappt der Alltag überall oder gibt es auch Frust bei Ihnen?

Zur ersten Frage: Ich glaube, man kann sich arrangieren und man muss sich arrangieren, wenn man nicht völlig frustriert im Leben rumsitzen will. Dazu gehören vermutlich stabile Beziehungen. Ich sage immer: Die Menschen, die mich nicht an meiner Behinderung gemessen haben, sondern ganz normal mit mir umgegangen sind, waren dafür sicher die Garanten. Zweitens gehört dazu natürlich das Erleben, dass ich eine ganze Menge mehr kann, als andere das von mir erwarten. Dass es auch immer wieder Frustrationserfahrungen gibt, gehört zum Leben. Ich habe also das Theologische Examen gemacht, aber nicht mit Eins, sondern ganz normal, wie viele andere Menschen, mit 2-3. Natürlich gibt es Grenzerfahrungen, natürlich gibt es Scheitern. Ich glaube, dass der bewusste Umgang mit Grenzen bei mir deutlich früher angefangen hat.

Ich musste früher lernen, auf Menschen zuzugehen und um Hilfe zu bitten, ohne mich zu schämen. Ich musste früher sagen: Okay, ich will aber diese Grenze nicht akzeptieren und darüber hinausgehen. Manches muss man dann wiederum akzeptieren. Ich bin mal Ski gefahren, aber das hat nicht wirklich gut geklappt, deshalb habe ich es auch wieder aufgegeben. Aber dann habe ich Tischtennis entdeckt und gemerkt, da habe ich Talent dafür. Das geht viel besser als ich ahnte, und dann kann man natürlich, wenn man stetig übt, auch deutlich mehr erreichen.

Wann ist Ihnen zum ersten Mal bewusst geworden, dass Sie anders sind als andere, dass Sie behindert sind?

Gute Frage! Denn viele Menschen glauben, mir sei das schon immer klar gewesen. Tatsächlich aber war es ein Erkenntnisprozess. In der Tat, so würde ich es heute sagen: Ich wusste immer, meine Arme sind kurz und die der anderen Menschen sind lang und alle haben Hände. Aber wissen und fühlen sind zwei sehr unterschiedliche Dinge. Weil ich mich völlig normal fühlte. Heute würde ich auch wieder sagen, ich bin völlig normal – nur halt relativ selten, weil meine Behinderung nicht so oft vorkommt.

Zum allerersten Mal bewusst auseinandergesetzt mit meiner körperlichen Abweichung von der „definierten Norm“ habe ich mich, als ich in die Schule kam. Denn ich wurde in eine Sonderschule eingeschult.

Dort habe ich zum ersten Mal ein Kind im Rollstuhl gesehen. Kannte ich vorher nicht. Ich habe dort Spastiker getroffen, ich habe Menschen getroffen, die die sogenannte Glasknochenkrankheit hatten, wo man sehr vorsichtig sein musste, und ich war völlig irritiert ob dieser ganzen Phänomene. Menschen sind ja manchmal schon irritiert, wenn sie nur mich sehen. Ich saß plötzlich in einer Klasse mit vierzehn anderen Kindern und dachte: „Oh, was ist das hier?" Und da musste ich mir natürlich die Frage stellen: „Warum bin ich hier an diesem Ort und nicht an der Dorfschule mit meinen ganzen Freunden?" Das war dann eben so und dadurch wurde das Wissen zu einem Gefühl: „Ah, ich gehöre zu diesen komischen Kindern." Glücklicherweise habe ich dann schnell gelernt, dass diese Kinder ganz normal waren und allen Blödsinn gemacht haben wie jedes andere Kind auch. Es war gut, dass es eine zweite Lektion in der Schule gab, nämlich „diese Kinder sind wie alle anderen".

Später haben Sie Theologie studiert. Wieso setzten Sie sich ausgerechnet mit Gott auseinander, von dem Sie doch eigentlich enttäuscht oder frustriert sein müssten. Denn es gibt Heilungsgeschichten. „Gott, warum schenkst du mir keine langen Arme?" Sind Sie nicht frustriert über diesen Gott?

Das war ich in meiner Jugendzeit, als ich nicht ganz so locker mit der Behinderung umgegangen bin. Da gab es auch die Anklage gegen Gott. In meiner Kindheit habe ich allerdings jeden Abend mit meiner Mutter gebetet und dem lieben Gott meinen ganzen Tag erzählt. Da war ich sehr dankbar und hatte keine Zweifel daran, dass Gott auf meiner Seite ist. Und jetzt als erwachsener Theologe muss ich natürlich immer wieder auch die Wundergeschichten, die Heilungsgeschichten lesen und merke, dass es neben der Heilung noch eine wichtigere Dimension gibt. Theologisch nennt man die „Heil" und das ist immer ein Beziehungsgeschehen. Das entspricht völlig meinem Leben.

Wo die Beziehungen in Ordnung sind, da kann ein Mensch krank werden, weil er dann durch das „Jammertal" getragen wird. Leiderfahrungen werden keinem Menschen erspart, da kann man noch so fromm sein. Heute würde ich sogar sagen, die gehören dazu. Was würde aus dem Menschen, der 90 Jahre lang kerngesund lebt, der nie einen Bruch in seiner Biografie erlebt, der nie merkt, dass es auch Belastungen gibt, dass es Scheitern gibt? Ich glaube, es gehört tatsächlich dazu, um reif zu werden und nicht arrogant zu sein. Und um zu merken, dass das, was ich an Begabungen habe, geschenkt ist.

Ich nehme mal an, dass Sie nie morgens oder abends in Ihrem Gebet gesagt haben: „Lieber Gott, vielen Dank für meine Hände." Ich habe immer wieder mal gedankt für meinen kleinen Daumen, weil der auch ausgesprochen nützlich ist in meinem Leben. Bei mir liegt die Perspektive nicht auf dem, was mir fehlt, sondern gerade, weil ich nicht alles habe, ist das, was an Talenten und Begabungen da ist, für mich ganz kostbar und dafür bin ich dankbar.

Das ist alles sehr beeindruckend. Ihre Biographie haben Sie in einem wunderschönen Buch wiedergegeben: „Lieber Arm ab als arm dran“[1]. Sagen Sie uns in einem ganz kurzen Satz: Was ist die Botschaft, die in Ihrem Buch rüberkommen soll?

Also erstmal ist der Titel ganz ernst gemeint. Ich glaube, es gibt keinen notwendigen Zusammenhang zwischen mit einer Behinderung zu leben und ein armseliges Leben zu führen. Die Frage ist aber, was muss passieren, damit gerade dieses Denken „Oh, der arme Junge, der ist behindert“ nicht in vielen Köpfen herrscht? Deswegen habe ich in diesem Buch viele Strategien aufgeschrieben, wie man so mit Grenzen umgeht, dass man an ihnen eben nicht zugrunde geht. Also nicht scheitert und nicht ein bedrücktes Leben führt, sondern sie möglichst akzeptieren kann und sagen kann: Auf der anderen Seite entdecke ich die Gaben. Das ganze Buch ist eigentlich nur deswegen geschrieben worden, um Menschen meine Geschichte zu erzählen, um zu sagen, diese Erfahrung habe ich gemacht, ich halte das für nützlich. Schauen Sie mal in Ihrem eigenen Leben, ob einige dieser Strategien nicht auch für Sie nützlich sein können.

---

1 Rainer Schmidt: „Lieber Arm dran als arm ab“.
Erschienen im Gütersloher Verlagshaus (ISBN 978-3-57906-850-3)

Schauspieler mit Querschnittlähmung

Samuel Koch

Samuel Koch kennt man in ganz Deutschland als den vielleicht bekanntesten Rollstuhlfahrer. 2010 hat er für Schlagzeilen gesorgt, als er bei „Wetten dass?“ eine Wette einlösen wollte, dass er mit speziellen Sprungfedern an den Füßen über fahrende Autos springen kann. Das hat zunächst ganz gut geklappt, aber dann ist er gestürzt. Und seitdem ist er vom Hals an querschnittgelähmt. Man könnte meinen, er hätte den Glauben an das Gute verloren, aber dem ist nicht so.

Wir hatten vor kurzem eine Veranstaltung mit über 700 jungen Menschen, die Ihnen Fragen stellen durften. Ich möchte die Fragen dieser jungen Menschen einfach nochmal aufgreifen. Was kann Samuel Koch heute noch alles bewegen?

Die Frage war relativ schnell beantwortet, weil es leider nicht ganz so viel ist. Meine Oberarmmuskulatur, die Schultern und den Hals kann ich leicht bewegen. Alles was darüber liegt, mein Gesicht also, ist normal beweglich. Dennoch, und so habe ich dem Schüler auch die Frage beantwortet, ist das eine sogenannte inkomplette Querschnittlähmung. Das heißt, das Rückenmark wurde lediglich gequetscht und nicht durchtrennt, sodass noch Nervenbahnen vorhanden sind, wo Strom fließt. Das zeigt sich darin, dass ich zwei kleine Zehen willkürlich ansteuern kann.

Der Vater fuhr das Auto. Kann der Vater mit der Schuld umgehen?

Tatsächlich war auch ich überrascht, dass ein junger Schüler, ich glaube 5. Klasse, diese Frage stellte. Ja, ich denke, er kann und musste damit umgehen. Ob er sich die Schuld noch gibt, ich denke nicht, ich hoffe nicht. Wir haben diese Schuldfrage ziemlich schnell, unmittelbar nachdem ich wach war, geklärt. Ich habe mich bei ihm entschuldigt, er sich bei mir. Es klingt jetzt natürlich einfacher, als es war und ist. Natürlich ärgere ich mich manchmal über die Umstände, wie er sich auch darüber ärgert und sich wünschte, es wäre anders gelaufen. Im Grunde sind wir miteinander im Reinen.

Meldet sich Thomas Gottschalk noch ab und zu?

Einmal im Jahr ist auch regelmäßig. Wenn es sich ergibt, dann treffen wir uns. Wir waren jetzt gerade im Dezember mit seiner und meiner Frau zusammen essen und haben auch schon über zukünftige Projekte gesprochen. Sofern es sich ergibt.

Eine abschließende Frage von der Schülerschaft: Würde Samuel Koch das wieder tun?

Für die Beantwortung dieser Frage hatte ich mir etwas mehr Zeit genommen. Ich wäre ein Idiot, wenn ich sagen würde: „Ja, ich würde das alles noch mal so machen. Ich würde es nicht bereuen", weil ich den Ausgang des Ganzen ja kenne. Ich muss auch gestehen, wären die Umstände und Vorzeichen die gleichen, ich würde vermutlich wieder zusagen. Seit jeher hatte als Artist und Akrobat neben dem Kunstturnen gearbeitet und habe ein bisschen Geld dazu verdient. Das war meine Alternative zum Kellnern. Zum einen wusste ich, dass die Gage einer Teilnahme in der Sendung mir hilft, mich voll und ganz auf mein Studium zu fokussieren, weil es die Studiengebühren und die Miete weiterfinanzieren würde und ich mein Auto hätte behalten können, zudem war es sowieso eine Art täglich Brot.

Dass es klappt, daran habe ich nie gezweifelt. Ich hatte eher ein unangenehmes Bauchgefühl, ob ich mich mit dieser Wette lächerlich machen würde. Außerdem hatte ich viele Menschen um Rat gebeten, auch meine Gemeinde in Hannover und Hamburg. „Ja, mach das unbedingt. Wenn du vor zehn Millionen Leuten was Produktives sagen kannst, dann mach das." Auch meine Freunde im Trainingsprozess, der viel Spaß gemacht hat, habe ich gefragt: „Warum machen wir das hier eigentlich?" Und es haben mir alle dazu geraten. Eine letzte Notbremse, die ich noch sah, war mein damaliger Professor und Direktor der Hochschule, bei dem ich für diese Sendung eine Spielgenehmigung einholen musste. Denn man darf sich die ersten fünf bis sechs Semester nicht öffentlich zeigen, um nicht den Ruf der Hochschule zu schädigen. Auch er hat gesagt: „Mach das ruhig, dein Gesicht wird sich nicht verspielen und die Kohle kannst du noch früh genug brauchen als Schauspieler." Und so habe ich dann zugesagt.

Vielen herzlichen Dank bis hierhin einmal. Das waren die Fragen der Schüler, die ich gern nochmal aufgegriffen habe.

Jetzt zu meinen eigenen Fragen: Sie haben vorhin erzählt, im Rückenmark laufen noch Nerven, da gibt es noch Strom. Haben Sie noch Hoffnung, dass Samuel Koch irgendwann wieder laufen kann?

Ich fokussiere mich nicht auf diese Hoffnung, aber im tiefsten Innersten schlummert sie schon. A): Für die Rückenmarkforschung würde mich wohl sonst nicht stark machen, wenn ich nicht daran glauben oder darauf hoffen würde, dass sich da was tut. Sie ist noch eine sehr junge Forschung. B): Meinen Körper würde ich sonst nicht so fit halten und so viel Zeit und Energie in die Instandhaltung investieren. (Damit er nicht verkalkt, dass er nicht atrophiert und so weiter.) Und zusätzlich zu dem Forschungstechnischem, Schulmedizinischem glaube ich auch daran, dass es noch mehr gibt als das, was auf der Erde so kreucht und fleucht.

Sie haben vorhin von der Gemeinde gesprochen, von den Ältesten, die Sie um Rat gefragt haben. Meldet sich denn nicht nur Thomas Gottschalk, sondern auch der liebe Gott ab und zu noch bei Ihnen? Oder haben Sie den abgeschrieben, nachdem oder in dem, was mit Ihnen passiert ist?

Nett, provozierende Frage. Mit Thomas Gottschalk schreibe ich meistens SMS oder WhatsApp-Nachrichten oder wir telefonieren. Das mache ich mit Gott nicht. Der braucht das nicht. Es bimmelt nicht laut am Handy, wenn Gott sich meldet. Im Gegenteil – da muss ich schon stille sein und zur Ruhe kommen, und im besten Fall allein und ungestört sein.

Es war ziemlich aufwendig, Samuel Koch hierher zu setzen, aufzurichten, einzurichten. Wenn ich auf Ihre Homepage gucke: Sie haben fast jeden Tag Termine, einen prall gefüllten Terminkalender. Wie halten Sie das durch? Das ist doch vermutlich sehr aufwendig und kräftezehrend für Sie?

Nun ja, weil ich sonst im Rollstuhl sitze, haben wir vorhin noch diskutiert, ob ich wirklich wieder aus dem Rollstuhl soll, ob ich den verstecken soll. Assoziiert wird dann vielleicht: Will er sich nicht im Rollstuhl sehen lassen? Kommt er damit nicht klar? Schafft er das nicht? Tue ich. Wir haben uns entschieden, einfach auf Augenhöhe zu sein, das finde ich angenehm.

Zu dem Pensum werde ich immer wieder gefragt. Woher nimmst du die Kraft? Schwer zu beantworten diese Frage, weil sie sich mir gar nicht stellt. Ich frage mich meist eher: Wohin mit meiner überschüssigen Kraft? Früher habe ich im Normalfall zwölf Trainingseinheiten in der Woche gehabt, gearbeitet, bin in der Gemeinde aktiv gewesen, hatte Wettkämpfe im In- und Ausland, ab und zu bin ich zur Schule gegangen – nein, da war ich regelmäßig. Viele dieser Dinge, gerade sportliche Aktivitäten, fallen heute weg, der Bewegungsdrang bleibt, deswegen will ich nach wie vor aktiv sein.

An dem Alltags- und Arbeitspensum hat sich gar nicht so viel geändert. Natürlich ist es nicht so leicht wie früher, sich einfach mal auf die Couch zu fläzen wie jetzt hier. Ich muss mir selber immer wieder gut zureden und mich aus meinem Wohlfühlbereich herausbewegen. Und mir sagen, dass es mir gut tut, aktiv zu sein, rauszugehen, was zu tun und mich vor allem nicht um meinen eigenen Mikrokosmos zu drehen. Nicht an mir herunterzugucken und nachzuhorchen: Geht's mir heute gut, geht's mir vielleicht nicht gut, was könnte mir fehlen? Sondern rauszuschauen, lieber auf andere zu sehen. Das ist für mich die beste Medizin, wenn ich sehe, ich kann sogar anderen helfen, ich kann sogar nützlich sein, dann ist mein Tag, oder sogar meine Woche, gerettet.

Spannend. Man nennt Sie den berühmtesten Rollstuhlfahrer Deutschlands. Nervt Sie diese Bezeichnung?

Ja, wegen des Attributs „berühmt". Für mich hat Berühmtsein was mit Ruhm zu tun, und das bin ich durch so einen Unfall geworden. Ich sehe reichlich wenig Ruhmhaftes daran, mit dem Kopf gegen ein Auto zu laufen.

Letzte Frage noch: Wie ist denn Ihre Lebensphilosophie? Oder gibt es eine Botschaft, die Sie vermitteln wollen, gerade wenn Sie mit so viel jungen Menschen zusammen sind, bei Lesungen zum Beispiel?

Oha, die Lebensphilosophie. Auf mir selbst unerklärliche Weise habe ich zwei Bücher vollendet, die das, glaube ich, trotzdem nicht umfassen können, was eine Lebensphilosophie oder speziell meine ist. Vielleicht, wenn man es etwas begrenzt auf „Botschaft". Wobei ich dieses Wort auch schon zu mächtig finde, und ich mir auch nicht anmaßen will, gerade auf

Schulveranstaltungen eine Botschaft zu vermitteln, die ich da als Standpunkt jemandem überstülpe, das liegt mir ferne. Ich versuche eher, so pragmatisch und gut nach bestem Wissen und Gewissen zu leben, und wenn sich jemand an dieser Lebensart reflektiert, wenn sich da jemand etwas Gutes mitnimmt, dann freue ich mich, aber den Anspruch erhebe ich nicht.

Ich sage ganz herzlichen Dank, dass Sie bei uns waren. Ich hoffe, Sie kommen wieder. Vielleicht darf ich Sie ja mal zum Predigen anfragen. Warum übernehmen Sie nicht die Predigt? Ich würde mich riesig freuen.

Ja, Sie dürfen anfragen. Aber ich habe das nicht gelernt.

Das muss man nicht gelernt haben. Vielleicht können Schauspieler ja besonders gut predigen.

Ja, das kann sein. Die dürfen dann nur nichts vorspielen ...

Missionar im Rollstuhl

Martin Wurster

Nach seiner Ausbildung zum Schreiner hat Martin Wurster, der verheiratete Vater von fünf Kindern, Theologie studiert und ist als Missionar der Liebenzeller Mission nach Taiwan ausgereist. Dort hat er 14 Jahre lang Mission betrieben. Bis ihn ein schwerer Verkehrsunfall aus dem Dienst riss.

Da sitzt ein Mensch im Rollstuhl und kommt im Fernsehen. Muss man erst im Rollstuhl sitzen, um so interessant zu sein, dass man ins Fernsehen kommt?

Vielleicht – das kann schon sein. Bevor ich im Rollstuhl saß, war ich noch nie im Fernsehen.

Wie gehen Sie mit so einem Interesse an Ihrer Person um? Wir sind ja nicht die Einzigen, die auf Sie zukamen, um zu fragen, ob Sie mal zu uns ins Fernsehen kommen, um über Ihr Schicksal zu sprechen.

Ich sehe es als eine Chance, einfach von meinem Leben zu erzählen und wie ich mit der ganzen Situation umgehe, und auch davon, wie Gott mein Leben geprägt hat, seit ich jetzt im Rollstuhl sitze.

Ich möchte jetzt einfach mal erwähnen, hier in der „Stunde des Höchsten" hören, sehen und erleben Sie in erster Linie nicht Menschen, die große Namen tragen, prominent sind, weltbekannt, sondern unsere Philosophie ist: Wir sprechen hier mit Menschen, die echte Ermutiger, die Hoffnungsträger sind – im Prinzip jeder von uns. Jeder von uns ist es wert, ins Gespräch zu kommen. Wir haben schon so viel gemeistert.

Können Sie noch fließend Taiwanisch und Chinesisch?

Fließend würde ich jetzt nicht sagen, aber immer, wenn ich Chinesen treffe, freue ich mich und versuche dann auch mit ihnen zu reden. Ich merke, dass Small Talk eigentlich noch recht gut geht. Aber sobald das Gespräch dann tiefer wird, wird es eher schwieriger.

Wie kommt man auf die Idee, einen guten Beruf als Schreiner aufzugeben und mit seiner Frau und fünf Kindern das Heimatland zu verlassen und in die Mission zu gehen?

Als wir damals in die Mission gegangen sind, hatten wir noch keine Kinder, und ich muss sagen, ich bin zuerst gegangen. Ich war mit meiner Frau verlobt, sie ist einige Monate später nachgekommen und wir haben dann in Taiwan geheiratet. Warum ich meinen Beruf aufgegeben habe – einfach, weil ich wusste: Gott hat mich berufen, in den vollzeitlichen Dienst zu gehen. Das war eine sehr interessante Story damals. Meine Mutter hat mir in der Zeit, als ich am Fragen war, ob ich in den vollzeitlichen Dienst gehen sollte, erzählt, dass sie für mich gebetet hatte, als ich noch im Mutterleib war. Sie wollte dieses Kind ganz Gott übergeben, wenn es gesund ist. Dazu müssen Sie wissen, dass ich das siebte von acht Kindern bin, und die drei Kinder vor mir waren alle krank. Als meine Mutter nochmals schwanger wurde mit mir, sagten viele Leute: „Wie könnt ihr nur noch ein Kind bekommen?“ Meine Eltern haben mich dann Gott hingelegt, und als meine Mutter mir das mit achtzehn erzählte, wusste ich, dass ich in den vollzeitlichen Dienst gehe sollte.

Ihre Mutter hat gebetet, wenn ihr Kind gesund zur Welt kommt, soll es in den vollzeitlichen Dienst gehen?

Genau.

Bereut Ihre Mutter manchmal das Gebet? Jetzt sind Sie nicht mehr so gesund wie damals. Würde Ihre Mutter da heute in Konflikte kommen?

Nein, das würde ich nicht sagen. Meine Mutter hatte zwar damals, als der Unfall passierte, eine ganz schwere Zeit, weil im gleichen Jahr einige Monate vorher mein Vater verstorben war. Aber als sie mich dann sah und merkte, dass ich meinen Glauben nicht verloren hatte, hat sie gesagt: Okay, wenn Gott das so zugelassen hat, dann kann ich es akzeptieren und will dankbar sein. Natürlich ist es für eine Mutter dann schon schwer, am Anfang für ein gesundes Kind gebetet zu haben, und dann passiert so etwas. Aber ich durfte ja vierzehn Jahre Missionar in Taiwan sein. Ja, sie hat das gut verkraftet.

Missionare müssen ganz besonders fromme Leute sein. Heute sitzen Sie im Rollstuhl – sind Sie immer noch ein frommer Mann?

Da bin ich mir nicht so sicher, ob Missionare frömmer sind als andere Menschen. Aber es ist wahr, zum Missionar sein braucht es Mut und Glauben, alles hinter sich zu lassen und sich auf Neues einzulassen. Ob ich immer noch ein frommer Mann bin? Wenn fromm sein heißt, Mut und Glauben zu haben, dann ja. Ich glaube, dass Gott mich jetzt noch führt und leitet, auch in dieser ganz anderen Situation und Aufgabe.

Sie haben fließend Taiwanisch und Chinesisch gelernt, mussten dafür viel Zeit investieren, Sie waren lange Zeit als Missionar unterwegs, haben viele Gemeinden zum Aufblühen gebracht und dann kam es zu diesem besagten Zwischenfall, zu diesem Unfall. Erzählen Sie uns mehr davon!

Das war an einem Sonntag. Ich hatte einen vollen Tag. Morgens hatte ich den Gottesdienst in unserer Gemeinde zu halten, anschließend hatten wir eine Sitzung von der Jugendorganisation, die ich mitgegründet hatte. Und da ich zu der damaligen Zeit Teamleiter war, musste ich nachmittags noch zu der Einsetzung einer Pastorin.

Es war abends so um halb sechs, die Chinesen luden mich noch zum Abendessen ein, aber ich hatte in der Zwischenzeit meine Frau angerufen und sie hatte mir erzählt, dass es daheim Gulasch und Spätzle gab – für einen Schwaben ja sehr gut. Also bin ich dann auf meinen Motorroller gestiegen und heimgefahren. Etwa einen Kilometer vor unserer Wohnung nahm mir ein Auto die Vorfahrt und ich musste eine Vollbremsung machen. Ich bin zwar nicht mit dem Auto kollidiert, aber ich bin auf dem Rücken aufgekommen. Ein kleiner Computer in meinem Rucksack hat dabei vermutlich den dritten Brustwirbel total zertrümmert, und seit diesem 11.11.2001 sitze ich nun im Rollstuhl.

2001, als der Unfall passierte, waren Sie 38 Jahre alt. Mit 38 Jahren die Diagnose Querschnittlähmung – wie überlebt man das?

Wie Sie sehen, gut. Zwar mit etwas eingeschränkter Mobilität, aber das Leben geht weiter. Man überlebt so etwas, wenn man einen Halt hat, wenn man eine Familie und eine Frau hat, die einen in einer solchen Situation nicht fallen lässt, sondern mit einem diesen Weg geht. Und ich denke auch mit dem Glauben an Jesus, der auch da ist, wenn es durch die tiefsten Tiefen im Leben geht. Ich meine, das hat mir auch meine Fröhlichkeit erhalten.

Querschnittgelähmt – was heißt das konkret? Sie brauchen ja vermutlich für alles Hilfe: beim Anziehen, beim Duschen … Wie kommen Sie im Alltag klar?

Am Anfang brauchte ich viel Hilfe, aber mit der Zeit lernt man viel und ich kann mich heute selber anziehen, selber duschen und vieles mehr, wenn ich alleine zu Hause bin. Aber ich traue mir noch nicht zu, alleine auswärts zu übernachten, denn wenn irgendetwas passiert – zum Beispiel, dass ich unerwartet Stuhlgang habe – kann ich mich noch nicht selber versorgen. Da bin ich unheimlich dankbar, dass ich eine Frau habe, die mit mir diesen Weg beschreitet und mir in vielem sehr behilflich ist. Ich weiß nicht, wie ich alles gemeistert hätte ohne sie.

Wie kommt man mit Gott klar, der einem so etwas zumutet?

Natürlich hat man am Anfang viele Fragen auch an Gott: Warum hat er mich nicht bewahrt? Warum hat er mich aus der geliebten Arbeit in Taiwan herausgerissen? Aber ich muss sagen, ich habe in den sechzehn Jahren einen Weg für mich gefunden, dass ich die Sache ganz aus Gottes Hand nehmen und Ja zu diesem Weg sagen kann. Ich weiß, Gott hat mich nicht fallen gelassen, sondern hat mich auch im Rolli an die Hand genommen.

Seit 2008 sind Sie Rentner, das heißt, mit 45 Jahren nicht mehr arbeiten dürfen. Verliert man da nicht den Lebenssinn und den Lebenswert?

Nein, absolut nicht. Ich darf noch sehr viel arbeiten, aber ich muss nicht mehr. Ich kann so, wie es meine Kräfte mir erlauben. Und zur Zeit geht es mir so gut, dass ich fast mehr arbeite als vorher. Ich freue mich, dass ich mich in vielen Ehrenämtern engagieren darf, zum Beispiel als Kirchengemeinderat, als Prädikant in unserer Württembergischen Landeskirche, als Synodaler, als Kassier im Bogensportclub oder Vorsitzender im Verein „Menschen helfen Menschen" bei uns vor Ort. Mir wird es echt nicht langweilig. Und ich freue mich sehr, dass Gott mich doch noch so gebraucht, um ein Zeugnis für IHN zu sein! Darum ist auch mein Lebensmotto so, wie es in dem Lied beschrieben ist: „Ein Leben gegeben, für den Herrn der

Welt. Ein Leben gegeben, für das, was wirklich zählt. Ein Leben für Gott, für ihn allein. Das soll mein Leben sein!"

Wie Sie damit umgehen, werden Sie uns gleich in einer spannenden Predigt erzählen, auf die wir uns schon sehr freuen. Aber sagen Sie mir jetzt noch vorher, wenn einem jemand die Vorfahrt nimmt, wenn ein anderer Schuld hat an so einem Schicksal – macht man dem nicht lebenslang Vorwürfe?

Anfangs war das schon hart und ich habe ihm im Herzen schon Vorwürfe gemacht. Aber der Mann kam zu mir ins Krankenhaus und besuchte mich. Er hat sich entschuldigt und ich konnte ihm von Herzen vergeben. Ich konnte mir sagen: Okay, das ist nun passiert, und ich möchte ihm das nicht nachtragen.

Das ist echt schwer zu glauben als Außenstehender, aber das sind tiefgehende Erfahrungen. Wir sehen immer wieder Bilder von Ihnen, auch ganz sportliche Bilder, nämlich mit Pfeil und Bogen – sind Sie trotz allem ein sehr sportlicher Mensch geworden oder geblieben?

Ja, ich weiß nicht, ob man geblieben sagen kann. Das Bogenschießen habe ich erst im Rollstuhl angefangen, das war vor circa neun Jahren. Da hat ein anderer Rolli-Kollege, ein Bogenschütze, mich eingeladen, es mal auszuprobieren, und ich habe unheimlich Freude daran gefunden. Das Bogenschießen ist ein guter Ausgleich für mich. Man muss so richtig runterfahren und zur Ruhe kommen, damit man auch gut zielen kann. Denn wenn die Gedanken noch irgendwo anders sind, dann klappt es nicht mit dem Schießen.

Und Sie sind auch ziemlich erfolgreich im Bogenschießen. Sie haben schon einiges gewonnen. Was bedeuten Ihnen solche Siege?

Das tut gut, weil man einfach merkt, man kann noch etwas, man erreicht noch etwas. Von daher möchte ich auch dafür trainieren, dass ich noch ein bisschen weiterkomme und erfolgreich bin.

Farbe im Leben

Tanja Kieß

Sie fiel mir das erste Mal bei einem Zuschauertag vorletztes Jahr auf. Es waren viele Menschen versammelt und ich glaube, sie war die jüngste Teilnehmerin. Aber sie kam mit zwei Krücken in unsere Kapelle. Ich ging irgendwann, als ich genug Mut gefasst hatte, auf sie zu und fragte sie, ob sie sich verletzt hätte und ob das wieder heilt. Erst dann hob sie ein Stück ihr langes Kleid und zeigte mir, dass sie nur noch ein Bein hat. Dann hat Tanja Kieß mir ihre Geschichte erzählt. Und für mich war klar, so ein Mensch, der so etwas erlebt hat und der so ein Hoffnungsträger ist, den hätte ich gerne mal hier im Gottesdienst.

Wie kam es denn jetzt zu dieser Einbeinigkeit? Sie sind ja nicht so auf die Welt gekommen.

Nein, ich kam ganz normal mit zwei Beinen auf die Welt. Einbeinig bin ich seit meinem 35. Lebensjahr. Der Grund dafür war eine Krebserkrankung.

Eine Krebserkrankung – oft kann man davon geheilt werden. Wie kam es zu der Notwendigkeit, dass man ein Bein abnimmt?

Viele Krebserkrankungen können heutzutage Gott sei Dank geheilt werden, aber eben leider nicht alle. Bei mir war die Amputation leider die einzige Möglichkeit, dass ich geheilt werde, dass ich vom Krebs befreit werde.

Wie kam es überhaupt zu dieser Krebserkrankung? Sie waren mit 35 Jahren nicht zum ersten Mal an Krebs erkrankt.

Das ist richtig, die erste Krebserkrankung hatte ich bereits im Kindesalter. Ich war damals gerade sieben Jahre alt. Ich hatte wahnsinnige Schmerzen und nach vielen Untersuchungen haben die Ärzte dann herausgefunden, dass ich Knochenkrebs hatte. Ich hatte einen Tumor im Kreuzbein.

Meine Zeit, mit sieben Jahren! Da muss ja eine ganze Welt für ein Kind zusammenstürzen. An was erinnern Sie sich noch?

Sie ist, glaube ich, nicht nur für mich zusammengestürzt, sondern auch für meine Eltern, für meine Familie – damit rechnet man einfach nicht. Ich selbst wusste noch gar nicht von der Schwierigkeit dieser Erkrankung bzw. was es bedeutet, Krebs zu haben – geschweige denn, dass man daran sterben kann. Das wusste natürlich nur meine Familie, die Erwachsenen.

Sie hätten sterben können?

Ja, ich hätte sterben können.

Das heißt, die Ärzte haben es damals geschafft, Sie als Kind zu heilen.

Ja das haben sie – Gott sei Dank! Wobei die erste Aussage der Ärzte gegenüber meinen Eltern war, dass ich das wahrscheinlich nicht überleben werde. Damals war die Medizin auch noch nicht so weit wie heute. Da merkt man schon sehr die Entwicklung.

Dann haben Sie fröhlich in die Jahre hinein gelebt, 20 Jahre als geheilte Krebspatientin, und dann kommt plötzlich wieder die Diagnose. Was war es diesmal für ein Krebs im Alter von 35 Jahren?

Dieses Mal war es wieder Knochenkrebs, aber eine andere Art von Knochenkrebs. Und es ging wieder los mit vielen Chemotherapien und nach ein paar Monaten erfolgte dann auch die Amputation.

Was haben die Ärzte damals zu der zweiten Krebserkrankung gesagt?

Der Tumor war dieses Mal im Beckenknochen. Zunächst war geplant, dass ich Hochdosis-Chemotherapien bekomme und dass dann nach drei, vier Monaten eine OP stattfindet, in der ein Drittel meines Beckenknochens entfernt wird und ich anschließend wieder Chemotherapien bekomme. Das war der ursprüngliche Plan.

Dann entschieden sich die Ärzte jedoch, anstatt der geplanten OP doch zunächst nur eine Biopsie, also eine Gewebeprobe, zu entnehmen. Der Grund dafür waren die vielen Narben, die ich von den Bestrahlungen in der Kindheit erhalten hatte. Sie haben es erschwert genau festzustellen, wie weit der Tumor schon gewachsen war. Zwei Wochen später haben die Ärzte mir dann mitgeteilt, dass sie leider nichts mehr für mich tun können.

Was haben Sie in dem Moment empfunden?

Ich habe überhaupt nicht damit gerechnet, dass nach den ursprünglichen OP-Planungen so eine Aussage kommen könnte. Ich hatte Todesängste. Ich wusste nicht, wie es weitergeht. Ich war einfach verzweifelt.

Das heißt, die Ärzte in Deutschland haben Sie aufgegeben?

Ja.

Wer hat Sie denn dann am Ende operiert? Wer hat denn das Bein abgenommen?

Letztendlich war ich dann in den USA, in New York, in einer Spezialklinik. Da ist dann die Amputation erfolgt.

Wie ist es für einen Menschen, wenn man morgens aufwacht und merkt, man hat nur noch ein Bein? Kann man sich da irgendwie darauf vorbereiten?

Nein, das konnte ich nicht. Ich wusste es natürlich. Die Ärzte haben mir gesagt, dass die Amputation vom Bein und von der Beckenhälfte gemacht wird. Es war die einzige Möglichkeit, überhaupt am Leben zu bleiben, eine Überlebenschance zu bekommen. Deswegen habe ich mich auch dafür entschieden.

Als ich nach der Amputation aufgewacht bin, hatte ich wahnsinnige Schmerzen. Ich habe sehr viele starke Medikamente bekommen und stand teilweise neben mir. Aber ich erinnere mich, als ich noch im Krankenhaus das erste Mal vor dem Spiegel stand und mich mit nur einem Bein gesehen habe – das war ein Schock für mich und ich musste ich mich gleich wieder hinsetzen. Ich musste diese gravierende Veränderung erst einmal verdauen und verkraften.

Ich meine, wenn man 35 Jahre lang eine vollständige Person war und auf einmal fehlt so viel vom eigenen Körper, muss man das erst einmal realisieren und verarbeiten. Es hat eine ganze Zeit lang gedauert, bis ich mein verändertes Körperbild annehmen konnte.

In der Zwischenzeit ist wieder viel Zeit ins Land gegangen. Wenn wir resümieren: Sie haben viel verloren, auch körperlich. Aber Sie haben anscheinend auch viel gewonnen. Sie haben erzählt, Sie kümmern sich um krebskranke Kinder, Sie haben eine neue Leidenschaft, Sie malen viel und vor allen Dingen, Sie haben Ihren Glauben nicht verloren. Sie schauen unter anderem auch immer wieder „Stunde des Höchsten", sind in einer Gemeinde und so weiter. Ich muss Ihnen ehrlich sagen, ich weiß nicht, ob ich meinen Glauben heute immer noch hätte, wenn ich so etwas erlebt hätte. Was hat der Glaube mit Ihrer Situation zu tun? Was kann der da noch helfen?

Ich denke, dass ich durch diese zweite Krebserkrankung erst so richtig zum Glauben gekommen bin. Ich habe früher als Kind auch geglaubt, meine Oma war sehr gläubig und das hat mir einfach auch sehr viel geholfen. Aber den bewussten Glauben, dass ich mich für Jesus entschieden habe, den habe ich dann erst im Alter von 35 Jahren bekommen. Das war noch, bevor die OP stattgefunden hat. Und ich denke, ohne den Glauben hätte ich das alles gar nicht geschafft.

Warum glaubt man in so einer Situation? Ist das normal oder ist es nicht eher normal, in so einer Situation am Leben zu verzagen? Auch an einen guten Gott kann man doch da nicht mehr glauben, oder?

Ich glaube, dass ich es alleine, also ohne meinen Glauben, gar nicht geschafft hätte. Ich hätte bei dem Ganzen auch sterben können und für mich war dann einfach wichtig zu überlegen: Was passiert, wenn ich sterbe? Wo gehe ich hin? Und das war eine ganz schöne Hoffnung, die ich dadurch geschenkt bekommen habe. Das hat mir unheimlich Halt gegeben in der ganzen schweren Zeit.

Sie haben im Vorgespräch einen Satz gesagt, den ich mein ganzes Leben nicht mehr vergessen werde. Sie malen gerne, haben Sie gesagt. Ich habe Sie gefragt, warum Sie gerne malen. Und dann haben Sie gesagt, Sie müssen malen, Sie haben so viel Farbe in Ihrem Leben.

Das stimmt.

Ist das ein Lebensmotto geworden? Was sind das für Farben?

Ich freue mich einfach über so viele Dinge in meinem Leben und über Farben. Ich liebe die Natur, die bunten Blumen, verschiedene Landschaften. Ich mag jede Jahreszeit, das Frühjahr, wenn alles neu aufblüht, aber auch den Herbst, wenn die Blätter sich verfärben. Ich habe einfach viele Farben in mir und ich möchte sie dann „nach außen" auf Leinwand bringen. Das tut mir sehr gut und ich freue mich, wenn ich sie dann vor mir sehe.

Sie sind für mich die Hoffnungsträgerin des Jahres! Mit so viel Ausstrahlung, mit so viel Hoffnung können wir ins Leben gehen. Gott sei Dank. Sie haben mir im Vorgespräch auch noch gesagt: Ich möchte so viel Leben wie möglich haben, ich möchte noch so lang wie möglich leben. Sie sind ein lebensfroher Mensch, der noch viele Erwartungen ans Leben und an die Lebenszeit hat. Sterben steht nicht auf der Tagesordnung.

Nein, ich hoffe noch nicht. Ich freue mich am Leben. Ich würde einfach gerne noch lange hier bleiben bei meinem Mann, bei meiner Familie, bei meinen Freunden, und ich würde mich freuen, wenn Gott dies zulässt. Wenn ich hier für Ihn auch noch etwas Gutes tun kann. Durch mein Erlebtes anderen Mut machen und ihnen weiterhelfen. Ich denke, ich bin nur ein kleiner Lichtstrahl, aber das Licht würde ich gerne weitergeben.

Da bleibt mir die Sprache weg. Kann ich als Pfarrer gar nichts mehr dazu sagen, denn Sie leben, als ob Sie alles im Griff hätten, als ob Sie das Leben täglich meistern, und das auch beweisen können mit Gott an Ihrer Seite.

Tanja Kieß hat vor einigen Jahren einen Verein mitgegründet. Man findet ihn unter:

www.beinamputiert-was-geht.de

Geborgenheit angesichts des Todes

Volker Teich

Er ist ein echter evangelischer Pfarrer, ist dann aufgestiegen zum Dekan, hatte also viele Pfarrer unter sich, und war über dreißig Jahre lang im Kirchenparlament der Synode, gehörte also der Kirchenleitung an. Ich freue mich sehr über unseren heutigen Gast, Dekan im Ruhestand Volker Teich.

Eine Zeitschrift hat Sie tituliert als Prellbock, Planer und Prediger. Hat man Sie richtig beschrieben?

Das zeigt die verschiedenen Stationen in meinem Leben an, vielleicht auch verschiedene Schwerpunkte. Als ich den Artikel las, dachte ich: „Ach, so schlecht haben sie mich gar nicht charakterisiert."

Für was haben Sie am meisten Kraft gebraucht? Als Prellbock, zum Beispiel im Kirchenparlament, oder für die vielen, vielen Predigten, die Sie hielten und halten?

Für mich war das Predigen immer der Schwerpunkt. Das ist mein Auftrag, das habe ich gelernt, deshalb bin ich Pfarrer geworden. Das ist für mich der geistliche Auftrag, Jesus Christus groß zu machen, Jesus Christus zu verkündigen. Das muss immer die Nummer eins sein. Auch bei aller Kirchenpolitik, denke ich, war das für mich immer die Nummer eins.

Sie haben viele Jahre lang für die Landeskirche Partei ergriffen, das Wort ergriffen. Jetzt sind Sie seit kurzem im Ruhestand. Wie denken Sie denn heute über Kirche?

Wir leben ja gerade in dieser spannenden Zeit, im Lutherjahr, im Reformationsjubiläumsjahr, wo nochmal ganz neu über Kirche nachgedacht wird. Was ist eigentlich Kirche? Und ich habe den Eindruck, dass wir Evangelischen viel zu katholisch sind. Die Reformation hat es eigentlich anders gedacht. Da ist Kirche, wo sich Gemeinde trifft, das Wort Gottes hört, Abendmahl feiert und Kinder tauft. Die Reformation dachte Kirche von den Mitgliedern her, von den Ehrenamtlichen her, und ich denke, das wäre der Charme, wenn wir das in diesem Reformationsjahr wieder neu entdecken würden. Also nicht zu sehr von den Bischöfen her denken, sondern mehr vom Kirchenvolk. Das ist eigentlich das, was die Reformation wollte. Das war auch immer der Ansatz, den wir als Lebendige Gemeinde hatten. So sagte es schon Bischof Haug: „Macht mir die Gemeinden stark." Das war für uns das Programm, unter dem wir als Lebendige Gemeinde in Württemberg und als Lebendige Kirche in der EKD angetreten sind.

Jetzt haben Sie so lang für die Kirche gekämpft, waren so lang ein angesehener, markanter Prediger, haben sich für Gott eingesetzt, da erhalten Sie kurz vor dem Ruhestand so eine seltsame Diagnose von Ihrem Arzt. Können Sie uns da mit hineinnehmen? Was ist passiert?

Ja, das war zunächst einmal etwas, wo ich schlucken musste. Es war der Tag vor Heiligabend, ich saß an der Predigt und da kam ein Anruf von der Uniklinik Tübingen. Ich hatte die Woche davor eine Untersuchung und nun erklärte mir der Professor, ich hätte einen Tumor hinter dem rechten Auge und Metastasen an der Leber. Zunächst einmal ist das ein Schock, ein Schlag. Und trotzdem würde ich sagen, das letzte Jahr war für mich das lehrreichste Jahr überhaupt, weil ich wieder ganz neu nachgedacht habe: „Was ist das eigentlich, was du predigst? Was ist das, was du verkündigst?" Wie wunderbar ist das Leben. Ich habe mich irgendwie wieder ganz neu über jeden Tag gefreut. Jeden Tag des Lebens, an dem die Sonne aufging, und einfach über dieses Wunder „Du darfst leben". Natürlich macht man sich auch ganz neu Gedanken darüber, was es eigentlich heißt zu sterben. Ich habe es mir damals so gedacht: „Ja, was heißt sterben? Sterben heißt doch, auf Jesus zugehen. Oder noch besser: Er geht auf mich zu." Und für uns Christen gibt es doch eigentlich nichts Schöneres, als bei Jesus zu sein.

Nur nicht so schnell. Irgendwann mal, in zehn, zwanzig, dreißig Jahren, aber so plötzlich?

Ich bin ja 65 Jahre alt und in Psalm 90 heißt es: „Unser Leben währet 70 Jahre." Von daher hätte ich natürlich schon noch gerne ein paar Jahre, das ist ganz klar. „Wenn's hochkommt, sind es 80 Jahre", und wir denken alle, wir hätten 102 Jahre, da könnte man ja noch eine Fernsehkarriere starten. Als Fernsehpfarrer ... wie beispielsweise Johannes Heesters, der noch mit 102 Jahren auftrat.

Von Johannes Heesters nochmal zu Ihrer Frage zurück. Sie haben sich mit dem beschäftigt, was Sie glauben und was das für Sie bedeutet. Haben Sie eine neue Antwort darauf bekommen? Oder war das mehr eine rhetorische Frage. Was heißt für Sie jetzt Hoffnung haben angesichts des Todes? Oder Heilung, über die Sie oft gepredigt haben? Oder das Versprechen, dass Gott der Arzt ist?

Mir ist eines aufgegangen, das ist vielleicht etwas paradox. Natürlich, man geht in die Uniklinik und man hat seine Ängste, freut sich über gute Nachrichten, und trotzdem kann ich diesen Satz „Gesundheit ist das Wichtigste" nicht unterschreiben. Für mich ist es wichtig geworden, in Gott geborgen zu sein. Von Jesus getragen zu sein. Mir ging ganz neu der 23. Psalm auf und wurde mir groß. Wenn man zum Beispiel auf der Liege liegt und bekommt bei der Bestrahlung die Maske aufgesetzt, da haben viele Angst. Mir ging es so, dass mir einfach der 23. Psalm einfiel, und ich dachte: „Jetzt bist du in der Hand des guten Hirten. Und diese Liege, das ist jetzt die Hand Jesu, die dich hält." Da war ich getröstet und ich hoffe, dass das anhält.

Sie hadern also nicht mit dem Gott, für den Sie sich ein Herz und zwei Beine ausgerissen haben?

Merkwürdigerweise überhaupt nicht. Der Gedanke kam mir auch nicht. Es war damals der Predigttext: „Es ist erschienen die heilsame Gnade Gottes." An der Predigt saß ich dran, als die Diagnose kam, und irgendwie dachte ich: „Ja, das gilt jetzt mir."

Sie sagen das mit so einem Lächeln auf dem Gesicht, dass ich Sie einfach bewundern muss. Das muss ich ehrlich sagen. Ich weiß nicht, wie ich selbst in solch einer Situation reagieren würde. Ich weiß, dass viele unserer Zuschauer in solchen Situationen sind, was kann man denen denn mitgeben?

Sich einfach in die Hand Jesu fallen lassen. Und damit rechnen, dass diese Hand da ist und einen trägt. Das ist dann auch die heilsame Erfahrung, die man machen darf, dass diese Hand da ist und trägt.

Das ist schwere Kost, sich so im Vertrauen einzuüben ...

Ist es wirklich schwere Kost, oder ist es nicht einfach das Wort der Bibel, dem man vertrauen darf?

Es ist wirklich unwahrscheinlich spannend, das so zu hören von jemandem, der das gerade erlebt. Denn sonst predigt man oft darüber und es bleibt theoretisch. Aber Sie sind ein wahrer Mutmacher. Ganz herzlichen Dank, Herr Teich. Ich freue mich riesig, dass Sie bei uns sind – und bleiben. Wir hören gleich auch eine Predigt von Ihnen.

Wie sind denn Ihre Heilungsaussichten? Darf man danach fragen?

Das ist ganz schwierig. Wenn ich vor fünf Jahren diese Diagnose bekommen hätte, könnte es sein, dass ich nicht mehr leben würde. Aber es ist einfach auch das Schöne, dass wir in einem wunderbaren Staat leben, in dem es ein tolles Gesundheitssystem gibt. Und dass im Augenblick an den Universitäten ganz neue

Heilungsmethoden bei Krebs erforscht werden. Von daher habe ich eine Therapie bekommen, und jetzt schauen wir einfach mal und haben viel Vertrauen, wie es weiter geht. Aber ich kann nicht sagen, ich bin geheilt. Die Krankheit ist in mir.

Engagiert trotz bitterer Diagnose

Wolfgang Bosbach

Er war und ist immer noch einer der bekanntesten Politiker Deutschlands, Wolfgang Bosbach. Der gelernte Einzelhandelskaufmann und Jurist ist zwar in der Zwischenzeit im parlamentarischen Ruhestand, aber nach wie vor sehr engagiert.

Sie gehören der katholischen Kirche an – was bedeutet Ihnen Martin Luther? Provozierend gefragt.

Das ist für mich wirklich keine Provokation, denn ich bin in einem ökumenischen Haushalt groß geworden. Ich weiß aus den Erzählungen meiner Eltern, die 67 Jahre verheiratet waren, dass sich die Eltern meiner evangelischen Mutter sehr schwer damit getan haben, dass Mama einen Katholiken geheiratet hat. Das hat zu richtigen Spannungen in ihrer Familie geführt. Ich freue mich, dass wir diese Konflikte, ich spreche jetzt von 1948, in den letzten Jahrzehnten doch überwunden haben. Ich komme also aus einem evangelisch-katholischen Haushalt, und mein Vater hat einmal in einer Fernsehsendung sehr schön gesagt: „Katholischer als meine evangelische Frau unsere Kinder erzogen hat, hätte ich das auch nicht tun können."

Gibt Ihnen der Glaube persönlich Halt und Orientierung in Ihrer politischen Tätigkeit?

Nicht nur Halt, er fängt mich auf! Ich bin ja nicht der Gesündeste, und gerade, wenn man zwei solche Schicksalsschläge verkraften muss, weiß man die Bedeutung des Satzes zu schätzen: „Du kannst niemals tiefer fallen als in Gottes Hand." Ich gebe zu, wenn man solche Diagnosen bekommt, dann hadert man auch ein bisschen mit dem lieben Gott. Dann fragt man sich: Warum lässt er das zu? Warum ich, was habe ich falsch gemacht? Oder hätte nicht eine chronische Erkrankung genügt? Aber man findet in der gleichen Minute auch Trost und Kraft im Glauben.

Obwohl Sie viel und öffentlich über Ihre Krankheiten gesprochen haben, weiß es vielleicht nicht jeder. Sie sind schwer herzkrank und krebskrank zugleich. Sie sagen, Sie hadern da auch ab und zu ...

Ja, man fragt sich auch: „Womit hast du das verdient?"

Wenn man so viel gekämpft hat wie Sie, dann ist das ein bisschen ungerechter Gotteslohn, wenn solche Diagnosen plötzlich kommen.

Die Bischöfin Margot Käßmann hat mal zu mir gesagt: „Sie dürfen nicht fragen: ‚Warum ich?' Oder ‚Ich schon wieder.' Sondern: ‚Warum sollte der Krug ausgerechnet an mir vorbei gehen?'" So kann man das auch sehen.

Welche Bedeutung hat die Krankheit in Ihrem Alltag? Ist das etwas, was über Sie bestimmt? Oder bestimmen Sie, welchen Raum, welche Rolle diese Krankheit einnehmen darf?

Ich möchte, dass sie keine Bedeutung hat, aber natürlich hat sie das. Ich nehme meine Medikamente mit größter Präzision, lasse keinen Untersuchungstermin sausen, ich bin also kein Bruder Leichtfuß. Ich versuche trotzdem mein Leben so zu leben, wie ich es möchte. Ich habe keine großen Schmerzen oder Beschwerden, die mich an der Arbeit hindern, aber man trägt eine Last mit sich herum, die man nicht ganz vergessen kann. Das ist halt so.

Das heißt, Ihr Verhältnis zu Gott ist heute auch ein anderes als es vor 15-20 Jahren noch war?

Nein. Ich hoffe, ich habe ein gutes Verhältnis zum lieben Gott und hoffe darauf, dass er auch ein gutes Verhältnis zu mir hat.

Man hat immer wieder in Interviews von Ihnen gelesen, dass Sie über Lebenserwartung philosophiert und nachgedacht haben. Wie sieht es denn damit aus?

Das ist nicht ganz richtig, denn ich bin ja damit konfrontiert und danach gefragt worden. Vielleicht ist es gut, dass wir nicht wissen, wann uns welches Schicksal mit welchen Folgen ereilt. Natürlich habe ich, nachdem feststand, dass nach menschlichem Ermessen und ärztlicher Erkenntnis nicht mehr mit Heilung zu rechnen war, gefragt, wie groß denn die Lebenserwartung noch sei.

Bei der Diagnose der Krankheit wurde mir gesagt, statistisch noch 23 Jahre – dann würde ich 81 Jahre alt. Da kannst du jetzt nicht meckern. Damals gab es aber noch Hoffnung, dass man die Krankheit austherapieren könne. Nach Operation und Strahlentherapie ist damit jetzt nicht mehr zu rechnen. Aber ich versuche, aus einer schwierigen Situation das Beste zu machen. Aufgeben gilt nicht und vielleicht überliste ich ja noch jede Statistik.

Mozart hat mal gesagt, der Tod sei ihm so vertraut geworden, dass er ihm der liebste Freund statt Feind geworden ist.

Aber Mozart ist nicht besonders alt geworden. Ich bin jetzt fast doppelt so alt wie er geworden ist. Nein, mit dem Gedanken kann und möchte ich mich nicht anfreunden, zumal ich weiß, jeder von uns, das ist das einzig Sichere im Leben, sterben wird. Wann, wo, unter welchen Umständen, ob mit Schmerzen, Beschwerden, das weiß ich nicht. Ich will darüber jetzt auch nicht nachdenken. Man hat andere Gedanken: Mit welchen Behinderungen oder Beeinträchtigungen muss man im nächsten Lebensabschnitt leben? Kann man sein Leben noch so leben, wie man es gerne möchte? Aber ich glaube, die Gedanken macht sich jeder, unabhängig von einer akuten Erkrankung.

Aufgrund der Erkrankung, aber auch wegen neuer Priorisierung, werden Sie dem nächsten Bundestag nicht mehr angehören. Das heißt, Sie gehen in den Ruhestand? Oder arbeiten dann wieder als Jurist?

Ich weiß, dass Nebentätigkeiten von vielen kritisch gesehen werden, aber ich habe während meiner Bundestagstätigkeit die Arbeit als Rechtsanwalt nie ganz aufgegeben. Deutlich weniger als noch während meiner aktiven Zeit, aber ich wollte wirtschaftlich auch nie komplett von der Politik abhängig sein. Mittlerweile ist die Kanzlei so groß, 18 Kolleginnen und Kollegen, dass ich es mir schon aussuchen kann, welche Mandanten ich in welchem Umfang noch anwaltlich betreuen kann. Ab Oktober werde ich dann sicherlich wieder mehr anwaltlich tätig sein als in der Vergangenheit, aber ich brauche keine 60-70 Stundenwoche mehr. Ich habe jetzt 50 Berufsjahre auf dem Buckel, jetzt kann ich auch mal ein bisschen langsamer laufen.

Ist es schwierig, wenn man sich als Politiker um die große weite Welt kümmert, um die Zukunft der Gesellschaft und sich dann als Rechtsanwalt plötzlich wieder am Schreibtisch mit kleinen Dingen beschäftigt?

Fragen Sie mich in einem Jahr. Vielleicht sehe ich das dann anders als heute. Es wird mir sicherlich einiges fehlen, aber nicht alles. Ich habe in der Politik weitestgehend gute Erfahrungen gemacht. Ich habe auch bittere Erfahrungen gemacht, auf die hätte ich auch gut verzichten können. Aber unterm Strich war das eine ganz interessante Zeit. Politik war immer ein wichtiger Teil meines Lebens, aber nie mein ganzes Leben. Ich möchte zukünftig ja nicht nichts tun. Es ist die größte Sorge meiner Frau, dass ich zu Hause rumlungere und den wohlsortierten Haushalt durcheinander bringe. Keine Sorge, ich weiß mich zu beschäftigen.

Aber Politik wird nicht ohne Sie funktionieren?

Das Kapitel ist für mich endgültig geschlossen. Es war von Anfang an klar, weil wir alle, wenn Sie so wollen, nur Verträge auf Zeit haben. Es kandidiert niemand bis zum Lebensende, immer nur für vier oder für fünf Jahre. Im Bundestag nur für vier Jahre und dann werden die Karten neu gemischt. Und ich gehöre nicht zu denen, die sagen: „Wenn ich nicht mehr dabei bin, was soll aus dieser Welt werden?" Wenn ich nicht mehr dabei bin, glauben Sie mir, geht's trotzdem immer weiter.

Ist es für uns als Gesellschaft wichtig, weiterhin auf christliche konservative Werte zu bauen, diese noch hochzuhalten? Oder siegen zum Schluss die, die für Toleranz plädieren und alles in die Beliebigkeit stellen?

Ich finde es schön, dass Sie das noch ergänzt haben. Gegen Toleranz spricht eigentlich gar nichts. Toleranz ist manchmal leider auch Gleichmütigkeit gegenüber Entwicklungen, die uns eigentlich nicht recht sein können. Ich nehme ein ganz aktuelles Beispiel: Der Görlitzer Park in Berlin ist seit vielen, vielen Jahren ein Kriminalitätsschwerpunkt. Er wird von vielen gemieden, weil jeder weiß, das ist ein Zentrum des Drogenhandels. Wenn jetzt erklärt wird, den werden wir nie mehr zu einem deliktfreien Raum machen können, dann hat das nichts mit Toleranz, sondern eher mit Kapitulation vor Rechtsbrüchen zu tun. Unter Toleranz verstehe ich nicht, dass wir achselzuckend Dinge hinnehmen, die zweifelsfrei sozialschädlich oder sogar kriminell sind.

Ich würde Sie als lebenserfahrenen, klugen, weisen Politiker gerne nach Ihrem Credo fragen. Gibt es so etwas wie ein Credo, eine persönliche Lebensphilosophie, die Sie durch die Jahre getragen hat?

Die gibt es tatsächlich. Den schönen Satz von Erich Kästner: „Es gibt nichts Gutes, außer man tut es." Ich führe zu viele Gespräche, ich bekomme zu viele Briefe mit „man müsste jetzt aber mal ..." Dieses kleine Wörtchen „man" ist gefährlich. Dahinter steckt ja der Gedanke: „Also ich selber nicht. Ich habe Anderes, ich habe Besseres zu tun. Ich kann das jetzt nicht. Aber ihr, ihr müsst jetzt mal, ihr müsstet jetzt mal was machen." Der Satz „Es gibt nichts Gutes, außer man tut es" sagt anderes. Es genügt nicht, darüber zu reden, sondern wir müssen es auch tun. Das ist das, was die Menschen von uns erwarten, dass wir als Politiker nicht nur reden, sondern dass wir auch Entscheidungen treffen, die dazu führen, dass es dem Land, den Menschen Stück für Stück zumindest ein bisschen besser geht.

Vom Knast auf die Kanzel

Detlev Beau

Er hat in der ehemaligen DDR negative Karriere gemacht. Obwohl sein Vater zu den oberen Stasi-Kommandeuren gehörte, stieg Detlev Beau aus, glitt ab und landete mehrmals für viele Jahre im Knast. Dann wurde er hellhörig auf Gott. Und studierte Theologie. Eine rasante Lebenswende des Pastors, der bis heute am ganzen Körper Tätowierungen trägt.

Herr Beau, wie kommt man dazu, solche Tattoos auf dem Körper zu haben, noch dazu als Prediger?

Weil ich nicht immer Prediger war, und weil ich auch nicht immer Christ war. Meine Jugend und Kindheit waren eigentlich eher kommunistisch geprägt, dann bin ich aus dieser ganzen Geschichte ausgerissen und habe dann irgendwann etliche Straftaten begangen. Dadurch bin im Gefängnis gelandet und dort habe ich mir dann die Tattoos stechen lassen.

Eine ganz spannende Geschichte. Sie sind im Kommunismus der DDR aufgewachsen, was hat da Ihre Kindheit geprägt? Warum waren Sie so rebellisch?

Am Anfang war ich ja gar nicht so rebellisch. So bis 14 oder 15 Jahren, vielleicht noch 16, war ich eigentlich jemand, der sehr überzeugt war vom Kommunismus, denn mein Vater war einer, der im kommunistischen Staatsapparat ziemlich hoch angesiedelt war. Von daher war ich natürlich soweit überzeugt und habe, wie man das so sagen kann, auch dafür gekämpft. Das erste Mal ins Fragen gekommen bin ich eigentlich, als ich Menschen kennengelernt habe, die so ganz anders gelebt haben als ich. Die diese Vorzüge, die ich genossen habe, nicht hatten und dadurch ganz andere Erfahrungen gemacht haben. Ich habe gemerkt, dass zwischen Theorie und Praxis ein Unterschied herrschte. Wir haben ja immer gesagt: Theorie = Marx, Praxis = Murks, und das habe ich dann wirklich das erste Mal erlebt und bin ins Fragen gekommen. Ich wurde rebellisch, bin ausgebrochen aus meinem Elternhaus, auch aus dem, was ich gedacht habe, und bin dann letztlich kriminell geworden.

Haben Ihre Eltern Ihnen das verziehen? Ihr Vater war, glaube ich, Polizeiausbilder im Stasiapparat?

Später dann, ja. Am Anfang nicht, mein Bruder war auch Offizier, die beiden mussten sich lossagen von mir. Da gab es also einen Befehl dazu, meine Mutter hat das nicht getan, aber die beiden haben sich losgesagt und von daher war ich natürlich für sie einen Persona non grata, jemand, den man nicht mehr so gern in der Familie hat. Später dann, nach der Wende, war es gut, einen Pastor in der Familie zu haben.

Bleiben wir noch mal vor der Wende. Sie sind dann sogar wegen der Kriminalität im Knast gelandet, das geht vermutlich nicht so einfach an einem vorbei, oder?

Nein, besonders beim ersten Mal, das muss ich ganz ehrlich sagen. Dazugekommen bin ich eigentlich, weil ich keine Arbeit hatte und auch nicht mehr arbeiten wollte und dann natürlich Geldprobleme hatte. Daraufhin habe ich zum ersten Mal Scheckbetrug begangen. Und zuerst war ich sehr erschrocken und dachte: Mensch, Detlev, du hättest mit Hilfe deines Vaters eine Karriere vor dir gehabt. Der hätte dir jeden Weg ebnen können, und jetzt bist du hier im absoluten Sumpf gelandet. Du machst alles, Hauptsache, du kommst nie wieder hier rein. So nach dem Motto: Einmal ist keinmal.

Ist es dann dabei geblieben dann?

Nein, leider nicht. Innerhalb von sieben Wochen war ich schon wieder drin. Wieder Körperverletzung und Raubüberfall und wieder keine Lust zu arbeiten. Das kam meiner Faulheit damals auch sehr entgegen. Ja, dann habe ich das zweite Mal gesessen in sehr schlimmen Verhältnissen. Das erste Mal ging noch, das zweite Mal war wirklich sehr brutal, weil ich da im Jugendhaus gelandet bin.

Brutal – wie muss man sich das vorstellen? Das war noch zu DDR-Zeiten?

Noch zu DDR-Zeiten. Alles zu DDR-Zeiten. Jugendhaus muss man sich so vorstellen, dass ja viele Jugendliche sehr schnell geputscht haben. Sie haben sich nicht überlegt, was für Konsequenzen daraus entstehen. Ich war dort als Eilstrafe, als jemand, der über 18 war und bestimmte Arbeiten machen musste, die Jugendliche nicht machen durften. Im Jugendhaus waren Wärter eingesetzt, wie ehemalige Kampfschwimmer, wir hatten Vize-Europameister im Judo, Leute aus Eliteeinheiten, die dann diese Wärter gewesen sind und die haben natürlich auch sehr schnell zugeschlagen. Aber auch untereinander hat man es geschafft, so ein System aufzubauen. Es gab einige Chefs, die hatten das Sagen und alle anderen haben darunter gedient und ich war einer der Letzten dieser Fahnenstange. Ich muss sagen, so viele Prügel wie dort habe ich nie in meinem Leben bekommen.

In der Zeit sind auch die Tätowierungen entstanden?

Nein, die Tätowierungen sind schon beim ersten Mal entstanden. Ich kann heute gar nicht mehr sagen, warum. Wahrscheinlich, weil ich dazugehören wollte oder weil alle welche hatten. Keine Ahnung.

Aber wie ist es heute? Wollen Sie da ab und zu mal raus aus der Haut?

Ich habe, nachdem ich mich für Jesus entschieden habe, also Christ geworden bin, mal geguckt, wie teuer es wäre, wenn ich das wieder wegmachen lassen würde. Und damals waren es über 3000 Mark, die ich dafür hätte aufbringen müssen. In der Zwischenzeit habe ich mich einfach daran gewöhnt. Das gehört einfach zu mir. Ich habe später dann auch in Gefängnissen gearbeitet, das hat mir bei manchem Gefangenen Tür und Tor geöffnet.

Sie haben es gerade schon erzählt, nach dieser Vergangenheit sind Sie dann trotzdem auch mit diesen schönen Bildern Christ geworden. Wie muss man sich sowas vorstellen? Aus heiterem Himmel?

Nein, nicht aus heiterem Himmel. Ich habe irgendwo im Gefängnis mal jemand gehabt, der mir gesagt hat: „Irgendwann, wenn du mal draußen bist, lies mal die Bibel, ganz tolle Geschichten drin." Ich habe schon immer viel und sehr intensiv gelesen. Ich bin raus und musste wieder zu der gleichen Arbeit, zu der gleichen Stelle zurück. Ich wusste, dass ein Arbeitskollege fromm ist und den habe ich mal angehauen: „Hey, gib mir doch mal so ne Bibel zum Lesen." Ich habe sie dann durchgelesen wie einen Kriminalroman, nach einem Wochenende war ich damit fertig. Ich habe vieles, vieles überblättert und ich muss ehrlich sagen, ich fand's stinklangweilig. Ich habe mich gefragt, wo sind denn jetzt die spannenden Geschichten, die Prophezeiungen?

Aber der Kollege hat sich ab da um mich gekümmert. Er mich auch eingeladen zu solchen Veranstaltungen, wo man einfach den christlichen Glauben vorgestellt hat und irgendwann habe ich mal begriffen, dass Gott zu mir sagt: „Hey, ich biete dir ein neues Leben an, ein sauberes. Und ich helfe dir in deinem Leben." Und das war eine Sache, davon habe ich ja nicht mal mehr zu träumen gewagt. Ich war dann noch ein drittes Mal im Gefängnis. Nach dem dritten Gefängnisaufenthalt habe ich mich aufgegeben und gedacht, ich werde einer wie alle, rein und raus, also so ein Drehtür-Gefängnisinsasse. Ich hatte mich wirklich aufgegeben und da kam das: „Du, ich biete dir was ganz Neues an und ich gehe mit dir zusammen. Ich gebe dir ein neues und sauberes Leben."

Das hat mich so getroffen und so gepackt, dass ich das erste Mal in meinem Leben gebetet habe. Ich bin danach aufgestanden und habe gedacht: Naja, Detlev, du hast ne Macke, du redest mit jemand, den es gar nicht gibt. Aber Jesus hat das damals sehr ernst genommen und ist in mein Leben gekommen und hat mein Leben richtig auf den Kopf gestellt.

Das ist spannend: Vom Kommunismus in den Knast und vom Knast über die Bekehrung auf die Kanzel. Sie haben dann eine theologische Ausbildung gemacht, waren dann viel als Prediger und Evangelist unterwegs. Jesus kann tatsächlich verändern.

Ja, kann er auf jeden Fall.

Zum Abschluss noch gefragt, was ist denn nach all dem, was Sie erlebt haben, Ihr Lebensmotto, so eine Überlebensphilosophie?

Überlebensphilosophie – also ich merkte, dass ich eigentlich anders leben wollte. Ja, wie soll ich das sagen? Dass ich eigentlich immer ein sauberes Leben haben wollte. Dass ich schuldig war, war mir bei meinem Vorleben klar. Ich merke aber auch heute, dass ich öfters mal versage und dass ich Jesus brauche. Ich brauche Jesus. Ohne ihn würde ich mein Leben gegen den Baum setzen. Und das ist eigentlich meine Lebensphilosophie, dass ich immer wieder jemanden habe, mit dem ich über meine Schuld reden kann. Mit dem ich über Probleme, aber auch gute Dinge reden kann, und immer wieder merke: Er verändert mein Leben, obwohl ich auch immer wieder rückfällig werde. Das gebe ich ganz ehrlich zu.

Neue Aufgabe am Heiligen Stuhl

Anette Schavan

Wir sind zu Gast in Rom und sind dort in der wunderschönen Residenz der Botschaft der Bundesrepublik am Heiligen Stuhl. Frau Anette Schavan, Botschafterin am Heiligen Stuhl, hat uns empfangen. Wir kennen sie noch als Kultusministerin, beziehungsweise als Forschungs- und Bildungsministerin in Deutschland. Heute ist sie dicht dran am Heiligen Vater.

Wie oft sehen Sie den Papst?

Ich sehe ihn nicht jeden Tag, ich sehe ihn im Schnitt ein bis zweimal im Monat, wenn ich mit Gästen aus Deutschland zu ihm gehe. Oder bei den großen Messen im Petersdom oder liturgischen Feiern oder auch bei der ein oder anderen Konferenz, denn er ist ja an manchem Thema selbst sehr interessiert. Er nimmt auch selbst teil, wenn es um Fragen der Religionsfreiheit oder des Dialogs der Religionen geht, vor allem aber natürlich, wenn es um sozialethische Fragen geht, wie Klimawandel, Armutsbekämpfung, Flüchtlinge.

Wer ist bei so einer Begegnung aufgeregter? Sie als Botschafterin vor dem Papst oder der Papst vor einer Botschafterin?

Der Papst ist ganz gewiss nicht aufgeregt und ich bin es mittlerweile auch nicht mehr. Das gehört ja zu der ganz besonderen Ausstrahlung von Papst Franziskus, dass er eine ganz natürliche Art hat. Er schafft eine Atmosphäre der Normalität, obgleich jeder weiß, dass das jetzt keine normale Situation ist. In der Regel finden die Treffen in besonderen Räumen, im apostolischen Haus oder der päpstlichen Akademie der Wissenschaften statt, aber dieser Papst ist in seiner Ausstrahlung vor allem jemand, der auf Menschen zugeht, der Aufregung nimmt, der eine Atmosphäre der Normalität schafft.

Passt dieser Papst in Ihr Kirchenbild? Sie sind ja selber auch katholische Theologin. Passt das?

Mir passt das gut, weil ich davon überzeugt bin, dass Christen jene sind, die unterwegs bleiben. Es hieß ja schon am Anfang über die ersten Jünger, sie seien die Menschen des neuen Weges. Paulus hat sie deswegen bekämpft, er hat gesagt, diese Menschen des neuen Weges, die bringe ich alle ins Gefängnis, die stiften Unruhe – bis er dann selbst bekehrt wurde. Und so, finde ich, ist es doch bis heute. Wir sollten versuchen, und es ist ja schwer genug, wirklich Menschen des neuen Weges zu sein. Nicht die, die immer sagen, gestern war es besser als heute, und morgen wird es mit Sicherheit schlimmer als es heute ist. Sondern Menschen, die mit einer Zuversicht unterwegs sind und suchen: Wo sind die Wege, mit denen wir Gott und der Menschen gerecht werden können? Und das verkörpert der Papst auf ganz besondere Weise. Er lehrt uns Europäer auch viel. Er hat ja von sich selbst gesagt: „Ich komme vom anderen Ende der Welt." Er hat in Argentinien mit den Armen gelebt und er hat eine Kirche erlebt, die in den südamerikanischen Ländern ganz anders ist als wir sie aus Deutschland und anderen europäischen Ländern kennen, und das ist ein ganz interessanter und inspirierender Lernprozess.

Man könnte meinen, der Papst hätte was gegen die Deutschen. Er hat jetzt gerade wieder einen Mitarbeiter, den Cheftheologen, abgesetzt oder seinen Vertrag nicht verlängert. Stimmt das, hat er was gegen die Deutschen?

Ganz gewiss nicht, er hat sich oft mit der Bundeskanzlerin getroffen, er liest Hölderlin, er hört Johann Sebastian Bach. Nein, er ist neugierig auf Deutschland, so, wie er eben auch neugierig auf Europa ist. Und vor allen Dingen, das hat er ja auch mehrfach öffentlich gesagt, hat er stark die Rolle Deutschlands in der jetzigen Situation mit den Flüchtlingen gewürdigt. Er weiß, dass Deutschland eine besondere Verantwortung übernommen hat und Humanität und Politik miteinander verbunden hat, als die Bundeskanzlerin gesagt hat: „Diese Menschen, die in Not geraten sind und aus Situationen von Gewalt und Terror kommen, können zu uns kommen." Das hat der Papst sehr positiv aufgenommen und gesagt, dass durch diese Entscheidung die Würde Europas aufrechterhalten worden sei. Der Papst hat viel Besuch aus Deutschland. Wenn er etwas gegen Deutschland hätte, dann würde er nicht so viel Zeit zur Verfügung stellen.

Trotzdem, Kardinal Müller wird vermutlich ein wenig verletzt oder enttäuscht sein durch das, wie es jetzt gelaufen ist. Können Sie sich gut in ihn hineinversetzen? Denn Ihnen ging es in der beruflichen Karriere ja auch mal so, dass etwas nicht verlängert worden ist und dass Sie sich mit Vorwürfen auseinandersetzen mussten.

Na, das sind zwei Situationen, die man gar nicht miteinander vergleichen kann. Ich denke, Kardinal Müller bleibt Kardinal, und das ist das Kollegium des Papstes, das die Kirche leitet, das die Kirche weiterentwickelt. Was sich jetzt genau zugetragen hat, weiß ich nicht, und als Botschafterin sind das dann auch eher Interna, mit denen wir uns ausschließlich persönlich, aber nicht dienstlich beschäftigen. Das ist die Entscheidung des Papstes, das ist, wenn Sie so wollen, interne Personalpolitik.

Denken Sie trotzdem manchmal auch an Ihre persönliche Geschichte, auch wie es in Deutschland mit Ihrem Ministerium, Ihrer Arbeit als Ministerin durch diese Plagiatsvorwürfe zu Ende ging? Denken Sie da manchmal noch daran oder ist das abgehakt? Geht man da als Politprofi einfach professionell damit um oder kann man als Christ anders damit umgehen, sodass es wirklich abgehakt ist? Beschäftigt Sie das noch?

Ich denke in der Tat nur noch selten daran. Und ja, so eine Situation zu gestalten, in der man davon überzeugt ist, dass das, was geschehen ist, eine ziemlich windige Geschichte ist – das ist für einen glaubenden Menschen vielleicht ein bisschen leichter. Solche Situationen gibt es in der Politik ja häufig. Es hat in meinem langen politischen Leben so manche Situation gegeben, die schwierig war, wo vieles umstritten war, wo ich auch kritisiert worden bin, nicht nur in der Politik, auch aus Kreisen der Kirche. Und all diese Situationen sind eigentlich dafür geeignet zu fragen, ob das, wovon du überzeugt bist, woran du glaubst, jetzt eigentlich wirklich trägt. Das ist ja nicht nur für Sonnenschein und helle Tage, sondern dann, wenn es schwierig wird, dann stellt sich diese Frage plötzlich besonders. Das hat mir sehr geholfen, ich habe das angenommen als eine geistliche Aufgabe.

Gibt es auch so etwas wie ein Motto, einen Bibelvers, der Sie durch diese Zeit durchgetragen hat oder an den Sie sich in dieser Zeit halten konnten? So ein Wort zum Sonntag quasi?

Ich lese ja am Morgen die Laudes und am Abend die Vesper, und dadurch bin ich ja immer wieder vertraut mit den Psalmen. Es gibt viele Psalmworte, die einem dann so in den Sinn kommen, und natürlich sind es vor allem die, in denen wir beten, dass wir auch über Stock und Stein, an guten und an schwierigen Tagen, geführt werden. Ja, das war dann schon eine gute Möglichkeit, nicht verbittert zu werden, auch nicht zu glauben, dass politisches Leben nach so vielen Jahren nur noch auf dieses Ereignis schaut. Es bleibt dabei, ich schaue auf eine lange Zeit zurück, habe 20 Jahre gestalten können, da gibt es eben Situationen in öffentlichen Debatten, in denen es nicht mehr darum geht, ob etwas stimmt oder nicht, sondern da geht es darum, dass man einfach die Notbremse ziehen muss.

Wenn man Ihre Biografie liest: Sie haben viel geschafft, Sie haben viel erreicht. Sind Sie stolz auf sich?

Ich bin dankbar für das, was ich habe gestalten können. Ich bin dankbar dafür, dass ich diese Möglichkeit gehabt habe und dass ich in diesen vielen Jahren auch viel Erfahrungen sammeln konnte. Übrigens an schwierigen Tagen und in schwierigsten Situationen auch die gute Erfahrung, wie viel Sympathie es gibt. Ich habe nicht nur erlebt, dass etwas schwer war, sondern ich habe mindestens im gleichen Maße Sympathie und Verbundenheit erlebt. Mit Rom hat dann eine neue Lebensphase für mich begonnen.

Da sind Sie ja wunderbar geführt worden. Was Sie hier in Ihrer Residenz haben, das hat ja niemand. Wunderschön hier.

Das sagen alle, die aus Deutschland kommen, und es stimmt ja auch. Es ist ein guter Ort, und Rom ist die Stadt, die ja unerschöpflich wirkt und die einen auf neue Ideen bringt, in der ich anders mit Zeit umgehen kann. Hier habe ich wirklich Zeit, über Dinge nachzudenken, auch wieder mehr zu schreiben und vor allen Dingen zur Theologie zurückzukehren. Also hat sich für mich so etwas wie ein Lebenskreis geschlossen.

Wenn Sie nachher ins Büro müssen, wie geht das? Arbeiten Sie hier im Haus, wo Sie auch wohnen, oder müssen Sie noch durch die Stadt?

Das geht ganz wunderbar nur durch den Garten. Das ist für Rom eine wirklich tolle Sache. Die Kanzlei und die Residenz liegen auf einem Grundstück, ich bin im Büro und spare mir viel Stau in der Stadt.

Und zwei Sätze dazu: Wie muss man sich die Arbeit denn vorstellen, die Sie als Botschafterin heute noch erwartet?

Nun, ich werde heute im Büro noch Mails beantworten, ich bin dabei, noch einen Text zu diktieren, der unbedingt noch abgegeben werden muss – übrigens zu der Frage, welche Bedeutung christliche Werte in einer zunehmend säkularen Welt haben. Eine Frage, die wir uns ja immer wieder stellen. Dann werde ich heute noch Freunde in Rom treffen und mir am Abend noch etwas anschauen in den vatikanischen Museen, es sind neue Malereien entdeckt worden. Also eine gute Verbindung, neben der üblichen Büroarbeit, wie sie mit jedem Beruf verbunden ist. Ich habe mich entschieden, im Sommer im Wesentlichen hier zu bleiben, die Stadt ist still und dann kann ich mir manches ansehen, wozu ich sonst nicht komme.